W0187037

Pratiquer la sophrologie au quotidien

Tout le catalogue sur
InterEditions.com
Des livres qui vous veulent du bien

Catherine Aliotta

Pratiquer la sophrologie au quotidien

Une source de bien-être pour tous

InterEditions

Collaboration à l'ouvrage : Angela PORTELLA

Retrouvez tous nos ouvrages sur le site :
http://www.intereditions.com

Illustration de couverture : © Maceo - Fotolia.com

Le pictogramme qui figure ci-contre mérite une explication. Son objet est d'alerter le lecteur sur la menace que représente pour l'avenir de l'écrit, particulièrement dans le domaine de l'édition technique et universitaire, le développement massif du photocopillage.
Le Code de la propriété intellectuelle du 1er juillet 1992 interdit en effet expressément la photocopie à usage collectif sans autorisation des ayants droit. Or, cette pratique s'est généralisée dans les établissements d'enseignement supérieur, provoquant une baisse brutale des achats de livres et de revues, au point que la possibilité même pour les auteurs de créer des œuvres nouvelles et de les faire éditer correctement est aujourd'hui menacée.
Nous rappelons donc que toute reproduction, partielle ou totale, de la présente publication est interdite sans autorisation de l'auteur, de son éditeur ou du Centre français d'exploitation du droit de copie (CFC, 20, rue des Grands-Augustins, 75006 Paris).

DANGER
LE PHOTOCOPILLAGE TUE LE LIVRE

© InterEditions, Paris, 2012
ISBN 978-2-72-961202-3

Le Code de la propriété intellectuelle n'autorisant, aux termes de l'article L. 122-5, 2° et 3° a), d'une part, que les « copies ou reproductions strictement réservées à l'usage privé du copiste et non destinées à une utilisation collective » et, d'autre part, que les analyses et les courtes citations dans un but d'exemple et d'illustration, « toute représentation ou reproduction intégrale ou partielle faite sans le consentement de l'auteur ou de ses ayants droit ou ayants cause est illicite » (art. L. 122-4).
Cette représentation ou reproduction, par quelque procédé que ce soit, constituerait donc une contrefaçon sanctionnée par les articles L. 335-2 et suivants du Code de la propriété intellectuelle.

SOMMAIRE

Merci à Sébastien

Introduction

Se connaître pour vivre sereinement

SOUVENT PERÇUE COMME UNE SIMPLE TECHNIQUE DE RELAXATION, la sophrologie est aussi une **philosophie de vie**. Si elle permet, par des exercices simples, de se détendre et de chasser le stress, elle a également pour vocation de nous faire prendre conscience de ce qui nous anime, ce qui nous motive ou, au contraire, nous contrarie. En fonction des besoins de chacun, elle permet de développer son propre potentiel et/ou d'accepter ses propres limites afin de retrouver une certaine harmonie. Pratiquée au quotidien, ou bien de façon ponctuelle, elle s'appuie toujours sur deux grands principes :

- apprendre à s'écouter pour mieux se connaître (corps, valeurs, envies, besoins...) ;
- penser et agir positivement.

Autre particularité : la sophrologie est une méthode qui **sollicite simultanément le corps et l'esprit**. C'est l'action conjuguée de la respiration, de la contraction musculaire et de l'imagerie mentale qui nous permet d'atteindre nos objectifs. En effet, lorsque le stress nous envahit, notre métabolisme se modifie : notre respiration s'accélère, nos muscles se tendent, notre concentration nous fait défaut, etc. Le fait d'associer un travail sur le mental et sur le physique permet à la sophrologie d'agir efficacement sur :

- l'enrayement immédiat du processus du stress ;
- la prise conscience de l'agent stressant afin d'anticiper sereinement les situations futures.

Ces deux actions se matérialisent différemment selon les individus. En effet, chaque personne réagit différemment à une même situation selon sa personnalité, son âge, son sexe, mais aussi à ses motivations du moment.

Un guide : pourquoi ?

Sans rituel ni folklore méditatif, cet ouvrage présente une sélection d'exercices permettant de gérer de façon immédiate, et d'anticiper à plus long terme, **certaines situations stressantes de notre quotidien**. Dans votre vie privée comme dans votre vie professionnelle, vous pourrez, grâce à des exercices de « sophro express », améliorer rapidement vos réponses et comportements face à certains stress et retrouver un premier degré d'apaisement. Pour prolonger ces bienfaits, les exercices de « sophro relax » vous permettront aussi de réaliser un travail de détente plus profond et plus pérenne, afin de prévenir les tensions inhérentes à certains cas de figure récurrents.

Pour vous accompagner tout au long des différentes étapes de votre vie, ce guide se découpe en quatre grands moteurs correspondant, pour chacun d'entre eux, aux motivations courantes qu'un individu peut vivre successivement ou simultanément pendant son existence.

Pour chacun de ces moteurs, des exemples concrets de situations stressantes, qu'elles aient lieu dans la vie privée ou dans la vie professionnelle, sont illustrées avec des réponses concrètes.

Ainsi, à travers ces **trente-deux cas de figures**, cet ouvrage vous montre la richesse de la sophrologie et sa capacité à apporter une réponse personnalisée, voire « sur-mesure » à un individu, dans une situation donnée.

Partie

I

DÉTERMINEZ VOTRE MOTEUR ACTUEL

Parce que nous sommes tous différents, que nos besoins varient en fonction de ce que nous sommes et des moments ou situations que nous vivons, la sophrologie s'adapte ici à chaque cas de figure. Grâce à des exercices courts dits d'« urgence », vous pourrez trouver une réponse rapide à votre problématique et vous apaiser rapidement. Dans un second temps, une approche plus approfondie, par le biais d'exercices plus longs, vous permettra d'ancrer ces bienfaits dans votre corps à plus long terme. Mais avant d'entrer dans le vif du sujet et de découvrir ces exercices, voyons d'abord ce qui actuellement vous anime ou quel est votre moteur au quotidien…

1

VOUS ÊTES PLUS TOURNÉ(E) VERS LES AUTRES QUE SUR VOUS-MÊME ?

« Il y a autant de générosité
à recevoir qu'à donner. »
Julien Green

QU'EST-CE QUI VOUS CARACTÉRISE EN CE MOMENT ?

Au quotidien, avec les autres...

Si l'on ne devait choisir qu'un mot aujourd'hui pour vous définir, ce serait l'altruisme. Les autres, c'est ce qui vous fait avancer, ce qui vous nourrit, ce qui vous rend heureux(se)... L'empathie naturelle dont vous savez faire preuve pour votre entourage fait que c'est toujours à vous que l'on s'adresse lorsque l'on a besoin de se confier ou que l'on est en difficulté. Toujours dévoué(e) aux autres (famille, amis, voisins), vous avez du mal à dire non et ne prenez pas assez de temps pour vous... Quitte à vous oublier ! Disponible, aimant surtout faire plaisir, vous savez créer du lien et de l'harmonie autour de vous.

Le revers de la médaille, c'est votre besoin quasi permanent de reconnaissance... Il vient du fait que, sans en avoir l'air, vous avez peu d'estime pour vous-même. Le regard des autres sur vous est donc primordial. Vous avez besoin que l'on reconnaisse tout ce que vous faites pour les autres. À défaut de reconnaissance, vous exprimez votre colère par des larmes, de la tristesse ou de la déception. Intuitif(ve) et sensible, vous avez généralement un bon feeling sur les événements ou les personnes, même si vous éprouvez une certaine difficulté à l'expliquer rationnellement.

En apparence...

Vous êtes souriant(e), chaleureux(se), toujours détendu(e) et disponible. Extérieurement, vous donnez l'impression de ne jamais avoir de problèmes. En tout cas, vous les gardez pour vous et êtes très discret(e), voire effacé(e) lorsqu'il s'agit de parler de vous.

La porte de votre maison, que vous aimez chaleureuse et accueillante est toujours grande ouverte. Gourmand(e), vous appréciez particulièrement cuisiner pour les autres et adorez recevoir vos amis. Et lorsque vous recevez, même un voisin de passage, vous veillez toujours à être « présentable ». L'atmosphère de votre lieu de vie est conviviale, confortable et douillette.

Du côté de vos émotions...

Amoureux(se) de la vie et de ses plaisirs, vous vivez dans l'émotion et intégrez les événements par le ressenti. Votre plus grande peur est que l'on ne vous aime pas et vous avez besoin d'être constamment rassurée sur ce sujet. Si cela n'est pas fait, vous pouvez avoir tendance à vous placer dans une situation de victime. Tel(le) un « Calimero », vous allez tout faire pour vous faire plaindre, voire provoquer des situations risibles où l'on se moquera de vous... Bref, attirer l'attention d'une façon ou d'une autre pour que l'on vous regarde.

Souvent envahie par la culpabilité, vous êtes convaincu(e) que si une relation échoue, c'est forcément de votre faute ! Si l'on vous attaque, même de façon injustifiée, vous doutez tellement de vous que vous en perdez tout sens de la répartie. Il vous est très difficile d'aller au conflit et de vous défendre seul(e). À cela, vous préférerez le compromis, voire le mutisme et la retenue.

Votre expression du moment

Avoir le cœur sur la main.

EN QUOI LA SOPHROLOGIE PEUT-ELLE VOUS AIDER ?

L'estime de soi et la confiance constituent les deux axes fondamentaux que la sophrologie peut vous aider à développer. Ce travail se fait progressivement, pour arriver jusqu'à l'affirmation de soi.

Souvent à fleur de peau, guidé(e) par vos émotions, la sophrologie va vous permettre de travailler sur votre côté intuitif et de canaliser vos émotions afin de les transformer en énergie « ressource ». Pratiquée en groupe ou en individuel, cette technique vous correspond bien car elle vous permet d'être écouté, dans la relation et de lâcher prise facilement. Par des exercices de respiration et de visualisation, vous retrouverez rapidement un état émotionnel calme et serein.

© InterEditions – La photocopie non autorisée est un délit

Les 3 points forts de cette méthode

- Un travail alliant le corps et le mental.
- Un rythme de séances prenant peu de temps.
- Une relation au sophrologue laissant place à la parole et à l'écoute des ressentis.

Témoignage de Monique, 48 ans

« D'un seul coup, quelqu'un avait appuyé sur le bouton OFF. »

Lorsque ma mère est tombée gravement malade, je me suis occupée d'elle chaque jour ou presque, jusqu'à la fin. Pour moi, sa fille, c'était normal. Nous étions très proches et je n'allais pas la laisser tomber dans un moment pareil. Je connaissais l'issue de sa maladie mais je me suis jurée de profiter de chaque instant avec elle, d'être joyeuse, et de vivre dans le présent. Rien ne m'arrêtait et je débordais d'énergie pour elle. Pourtant, au-delà de la tristesse qui pouvait m'assaillir parfois, je ressentais un mal bien plus profond, intérieur. Cela me gâchait la vie et je n'arrivais plus vraiment à vivre pour moi. À chaque nouvel examen, même si les nouvelles n'étaient pas catastrophiques, je me prenais tout en pleine figure. Comme si je portais la responsabilité de sa maladie.

C'est au moment où j'ai commencé à avoir de réelles séquelles physiques que j'ai décidé de frapper à la porte d'un sophrologue. Je cherchais une méthode douce pour m'apaiser et me délivrer de terribles douleurs cervicales. C'était évident : j'en avais plein le dos ! Dès la première séance, les résultats ont été spectaculaires. Je ne m'étais jamais senti aussi bien dans ma tête et dans mon corps depuis deux ans. Comment était-ce possible ? Et bien, d'un seul coup, quelqu'un avait appuyé sur le bouton OFF, ce qui m'a soulagé instantanément.

Grâce à la respiration dynamique et aux paroles du sophrologue, je me suis mise à l'écoute de mon corps et de mes pensées intérieures : j'ai réussi ainsi à relâcher tous mes muscles. Je me suis posée et me suis enfin autorisée à penser à moi. Ainsi, tout devenait plus clair dans ma tête et chaque pensée, chaque symptôme, étaient rangés à leur place. C'est un peu comme si j'avais fait un grand ménage de printemps à l'intérieur de moi-même. Tout cela, par la seule guidance du sophrologue qui, par la parole, vous amène à vous décharger de tous vos poids.

2

VOUS AVEZ BESOIN DE CALME ?

« C'est l'endroit où l'eau est la plus profonde qu'elle est la plus calme. »
William Shakespeare

QU'EST-CE QUI VOUS CARACTÉRISE EN CE MOMENT ?

Au quotidien avec les autres…

Souvent dans le silence, la réflexion constitue aujourd'hui une de vos activités favorites. Votre grande capacité d'analyse constitue d'ailleurs une de vos principales caractéristiques, elle est un vrai point fort pour vous. Le calme est indispensable à votre vie et vous le recherchez tant que possible. Dans une discussion, vous êtes souvent la personne qui écoute plus qu'elle ne parle. Vous savez garder le recul nécessaire et possédez l'art d'observer.

Souvent l'air « absent », si l'on ne vous demande pas votre avis, vous ne le donnez pas ! Du coup, pour passer à l'action, vous avez besoin de directives claires et concrètes. À défaut, vous avez plutôt tendance à privilégier la réflexion et donc à mettre du temps pour agir. Vous aimez faire les choses à votre rythme, sans que l'on vous presse. En soirée, vous avez tendance à vous isoler, pas par ennui mais par besoin. La solitude n'est pas un poids pour vous. Au contraire, vous avez même tendance à vous faire oublier... Rarement à l'initiative du contact avec les autres, vous attendez d'être sollicité(e), ce qui peut parfois vous peser. Créatif(ve), vous aimez lire et êtes très imaginatif(ve).

En apparence...

La tenue vestimentaire et l'apparence physique en général ne sont pas des préoccupations majeures pour vous. Ce sont des domaines auxquels vous attachez peu d'importance. Au même titre que votre goût pour le calme, votre environnement, notamment votre maison, est plutôt épuré et peu sophistiqué. Un de vos passe-temps favoris : les promenades en solitaire ! Mais malgré les apparences, vous ne fuyez pas pour autant le contact. Vous aimez la relation mais n'êtes pas forcément à l'origine de celle-ci. Ce qui peut paraître de l'indifférence est en fait une certaine réserve dans laquelle vous vous réfugiez pour réfléchir.

Du côté de vos émotions...

Sous stress, vous avez tendance à vous isoler et à vous renfermer encore plus sur vous-même. Vous n'êtes pas du genre à vouloir agir dans la précipitation. Vous n'êtes pas « tout feu, tout flamme » mais plutôt patient(e) et pouvez même attendre passivement que l'orage passe. Vous êtes souvent perçu(e) comme mélancolique et romantique par les membres de votre entourage. Il leur est difficile de percevoir vos émotions car lorsqu'elles montent en vous, vous avez tendance à les intellectualiser et à les masquer. Ce qui vous donne un air détaché qui constitue aussi votre force, comme un certain flegme par rapport aux événements de la vie. Mais attention, vous n'aimez pas pour autant les imprévus !

Votre expression du moment

Avoir les deux pieds dans le même sabot.

EN QUOI LA SOPHROLOGIE PEUT-ELLE VOUS AIDER ?

Cette méthode peut vous aider à sortir du mental et à vous ancrer dans une certaine réalité. Elle vous permet de mieux ressentir votre corps et de vivre pleinement l'instant présent. Que vous la pratiquiez en individuel ou en groupe, c'est une technique qui respecte le rythme de chacun et s'effectue dans le calme. La sophrologie permet de s'isoler et de rester dans sa bulle si on le souhaite mais *a contrario*, elle facilite aussi l'échange et le contact avec les autres.

Les 3 points forts de cette méthode

- Une méthode qui peut se pratiquer seul(e).
- Un travail qui peut se construire sur l'imaginaire.
- Une technique qui permet de s'ancrer dans la réalité par le corps.

Témoignage de Lucie, 31 ans

« La sophrologie me permet de mieux vivre avec mes émotions ».

« Émotive de nature, j'ai découvert la sophrologie dans le cadre d'un cheminement personnel de développement : yoga, massages, relaxation... Je cherchais une méthode pour mieux vivre en harmonie avec mon corps et surtout, pour

© InterEditions – La photocopie non autorisée est un délit

apprendre à gérer mes émotions. Elles me submergeaient et je dois dire qu'aujourd'hui, je n'en n'ai plus peur ! Au contraire, cette technique me permet de les utiliser et d'en faire une force. La tristesse, la colère, la mélancolie n'entravent plus ma relation aux autres. Et lorsque je sens monter ces sentiments, je les gère, je les bloque pour, ensuite, les transformer en énergie positive. C'est avec la sophrologie que j'ai trouvé cet équilibre intérieur, telle une hygiène de vie dont je ne pourrai plus me passer... »

3

VOS MOTEURS SONT VOS VALEURS ET VOS COMPÉTENCES ?

« Le courage est la première
des qualités humaines
car elle garantit toutes les autres. »
Aristote

QU'EST-CE QUI VOUS CARACTÉRISE EN CE MOMENT ?

Au quotidien avec les autres…

Responsable, organise(e) et respectueux(se) des règles, c'est la justesse qui aujourd'hui vous définit le mieux. Votre relation aux autres est construite autour de ces mêmes valeurs et de vos compétences naturelles de structuration. Vous appréciez que votre entourage se comporte de façon loyale et honnête et vous avez un haut niveau d'exigence pour vous-même. Vous adorez communiquer, notamment dans le cadre de débats d'idées où vous aimez refaire le monde et donner votre point de vue. Mais pour échanger avec les autres, mieux vaut que ces derniers aient des opinions claires, précises et étayées par des faits. La reconnaissance de vos compétences et la ponctualité sont pour vous le gage d'une relation fiable. Guidé(e) par vos convictions profondes, vous ne supportez pas les faux semblants. Vous-même êtes animé(e) par une sincérité à toute épreuve : si l'on vous demande votre avis, vous le donnez vraiment ! Avec vous, pas de « politiquement correct. » D'autant plus que dans ces cas-là, vous argumentez... D'où votre souci de la précision, de l'information claire. Quelle que soit la situation, vous aimez analyser, raisonner et ne rien laisser au hasard.

En apparence...

De part votre personnalité, vous pouvez être perçu(e) comme intransigeant(e). Nuance ! Vous êtes simplement engagé(e) dans le discours et fidèle à vos convictions dans la vie. Si vous faites les choses, c'est uniquement parce qu'elles ont du sens pour vous et non par légèreté. C'est aussi ce qui fait de vous quelqu'un de fiable et de fidèle : un engagement est un engagement ! Cet aspect un peu strict que l'on retrouve également dans vos tenues vestimentaires vous offre aussi de belles surprises puisque vous êtes la personne en qui l'on a confiance et sur qui l'on peut compter. Votre détermination est donc une grande qualité. Tant pis pour la légèreté et la frivolité ! Avec vous, on pense sérieux, sagesse, raison, professionnalisme...

Du côté de vos émotions...

La colère peut facilement vous envahir lorsque les choses ne se déroulent pas comme vous l'aviez prévu. Sous stress, vous avez ainsi tendance à devenir très perfectionniste et à développer une insatisfaction permanente. Le lâcher prise n'est pas votre point fort et vous aimez que tout soit à sa place. Du coup, vous montrez peu vos émotions, de peur que celles-ci ne viennent entamer vos compétences et votre savoir-faire. En couple notamment, ce qui compte pour vous, ce sont les démonstrations « concrètes », les engagements, plus que les déclarations d'amour à l'eau de rose. Là encore, vous ne supportez pas l'idée que l'on puisse vous penser peu fiable : ce qui compte c'est d'aller jusqu'au bout de votre engagement.

Votre expression du moment

Quand on veut, on peut.

EN QUOI LA SOPHROLOGIE PEUT-ELLE VOUS AIDER ?

La sophrologie est une méthode organisée et codifiée : elle est donc facile à pratiquer. Elle permet de faire émerger vos valeurs fondamentales et de les renforcer en laissant tomber toutes les croyances qui peuvent parfois vous enfermer dans un carcan. La sophrologie est aussi une philosophie de vie qui permet l'échange et la confrontation de points de vue avec les autres.

Les 3 points forts de cette méthode

- Une technique organisée et structurée.
- Un travail de réflexion sur les valeurs.
- Une méthode respectueuse de la personne.

© InterEditions – La photocopie non autorisée est un délit

Témoignage d'Adrien, 40 ans

« La respiration ventrale m'aide à apaiser mes colères. »

« De nature très colérique, je suis capable de jeter une imprimante par la fenêtre si elle affiche un bourrage papier juste avant un rendez-vous ! En effet, lorsque les choses ne se déroulent pas comme je le souhaite, j'ai tendance à m'emporter facilement. Or, la vie est faite de nuances, de compromis... Surtout lorsque l'on est chef d'entreprise et que l'on est amené à gérer de l'humain au quotidien...

Pour enrayer ce processus de colères incontrôlées, j'ai donc essayé la sophrologie. Une technique qui s'est avérée très concluante pour moi puisqu'à présent, lorsque je sens monter ce sentiment négatif, je me concentre sur ma respiration ventrale et je me tempère. Surtout, cette technique m'a permis d'identifier les moments où la tension monte : entorses aux règles et à la hiérarchie, imprévus... La colère est toujours déclenchée par les mêmes signaux. Maintenant, je sais donc exactement ce qui va me faire enrager et je peux donc anticiper l'impact négatif que peut avoir l'énervement sur moi-même et sur autrui. On perd beaucoup d'énergie lorsque l'on se met en colère, on est moins efficace... Avec la sophrologie, je prends du recul et je gagne en énergie positive. »

4

VOUS AIMEZ RELEVER DES DÉFIS ?

« Il faut toujours viser la lune car,
même en cas d'échec,
on atterrit dans les étoiles. »
Oscar Wilde

QU'EST-CE QUI VOUS CARACTÉRISE EN CE MOMENT ?

Au quotidien, avec les autres...

Les objectifs, les enjeux : voila ce qui vous fait aujourd'hui avancer ! Le challenge est votre moteur et vous supportez peu l'immobilisme : « qu'est-ce qu'on fait maintenant ? » est une de vos phrases favorites et quand vous avez décidé quelque chose, avec vous, c'est un peu « qui m'aime me suive ! » Si vous essayez de relever des défis, c'est avant tout vis-à-vis de vous-même et votre capacité d'adaptation naturelle vous permet régulièrement d'y arriver. Adorant l'action, vous pouvez avoir tendance à vous mettre en danger, en oubliant, parfois, vos propres limites... Si l'on vous dit : « t'es pas cap ! » vous foncez tête baissée. Lorsque la décision est prise, vous allez jusqu'au bout de la démarche.

Vous en profitez au passage pour vous démarquer des autres et montrer tant que possible votre autonomie : vous aimez agir seul(e). Déterminé(e) vous savez exprimer ce qui vous plaît ou ne vous plaît pas sans égard ou ménagement pour votre entourage. Peu démonstratif(ve), vous cachez souvent vos émotions car trop vous engager dans la relation peut représenter pour vous un frein dans vos projets. Cela vous permet également de savoir jusqu'où les autres vont vous suivre et donc vous aimer.

En apparence...

Séducteur(trice), votre charisme naturel est souvent appuyé par des tenues vestimentaires à la mode. Vous fonctionnez à l'instinct et faites preuve de confiance en vous. On vous reconnaît curieux(se), actif(ve), enjoué(e) mais on peut également vous percevoir comme hautain(e) ou distant(e). En réalité c'est une façon de dissimuler une certaine crainte : celle de ne pas être apprécié(e) pour ce que vous êtes vraiment et d'être ainsi abandonné(e) par les autres. Inconsciemment, vous craignez aussi que l'autre soit une entrave à la réalisation de vos objectifs qui vous permettent de vous sentir vivant. On vous reproche parfois de « survoler » les choses mais en réalité, c'est votre façon à vous d'avancer. Bien que la relation aux autres soit quelque chose d'important pour vous, vous avez beaucoup de mal à la construire et surtout à faire en sorte qu'elle dure...

Du côté de vos émotions...

Caméléon, vous savez vous adapter à n'importe quels situations et interlocuteurs. Mais vous pouvez aussi vous mettre en colère si l'autre vient entraver vos projets ou le chemin qui mène à leur réalisation. Il vous arrive d'exiger des autres qu'ils soient autonomes, y compris de vos enfants : pour vous, aller de l'avant c'est savoir se débrouiller ! Du coup, vous n'êtes pas du genre à vous laisser abattre à la première difficulté : vous pensez que l'échec fait partie de la vie et attendez des gens qui vous entourent qu'ils fassent preuve d'une aussi grande force de caractère. La patience n'est pas votre point fort mais vous savez faire de votre impulsivité une force.

> ***Votre expression du moment***
>
> On ne fait pas d'omelette sans casser des œufs.

EN QUOI LA SOPHROLOGIE PEUT-ELLE VOUS AIDER ?

Elle peut vous aider à vous poser, à mieux réfléchir avant d'agir et éviter ainsi certaines erreurs. Cette pratique vous permet aussi d'apprendre la patience et à ne pas tout faire toujours dans l'instant. Bref, elle peut être une aide précieuse pour vous aider à atteindre vos objectifs dans de meilleures conditions.

> ***Les 3 points forts de cette méthode***
>
> – Une discipline qui permet de développer son potentiel et atteindre (voire dépasser) ses objectifs.
> – Des exercices pratiques qui placent rapidement dans l'action.
> – Une méthode qui favorise la concentration et l'endurance.

© InterEditions – La photocopie non autorisée est un délit

Témoignage de Véronique, 41 ans

« Au départ, je n'étais pas très convaincue. »

Ancienne sportive de haut niveau en football, j'ai découvert la sophrologie complètement par hasard à la suite d'un grave accident à l'œil. Psychologiquement, je n'arrivais pas à sortir de ce traumatisme. Ayant subi une greffe, j'avais un vrai souci d'apparence : lorsque je parlais au gens, j'avais l'impression que l'on ne voyait que cela ! Et lorsque je rencontrais quelqu'un, mon œil était un des premiers sujets que j'évoquais.

J'ai suivi une sophrologue rencontrée lors d'un déjeuner pour une première qui ne m'a pas vraiment convaincue : elle a passé son temps à me parler de mon œil alors que je souhaitais sortir du sujet, justement ! J'ai compris longtemps après ce qu'elle a tenté de faire puisque j'ai continué à pratiquer la sophrologie seule. Il s'agissait de substituer des sensations négatives en sensations positives et même si cela n'a pas marché tout de suite, j'ai continué à appliquer ses conseils jusqu'à obtenir un résultat. La pratique m'a plu, de plus en plus. J'ai acheté un livre, puis deux et j'ai continué. Cela me convenait bien, car lorsque je fais quelque chose, j'aime comprendre ce que je fais et avec cette technique, on travaille sur le corps mais on réfléchit aussi...

J'aime aussi le caractère autonome de la sophrologie : pas besoin de dépendre forcément de quelqu'un pour pratiquer et pour se faire du bien. C'est idéal pour quelqu'un comme moi qui aime maîtriser et « faire », parfois vite. Et justement, à force de pratiquer, j'ai trouvé un début de sérénité. Je me suis posée. J'ai pris le temps de réfléchir à ma carrière, notamment lors de mon licenciement économique. J'ai appris à mieux m'endormir... Bref, à faire face, sereinement, à tous les problèmes que l'on peut rencontrer dans la vie. Et cette sérénité est aujourd'hui confirmée. »

Partie

II ENTRAÎNEZ-VOUS À VOUS DÉTENDRE

Dans cette partie, nous vous proposons de partir à la découverte de nombreux exercices que vous pourrez utiliser dans votre quotidien, que ce soit dans votre vie professionnelle ou votre vie privée. Conçus spécialement pour répondre à des problématiques précises, les « Sophro Express » sont des exercices courts à réaliser dès que vous sentez l'émotion monter. Ils vous apportent des réponses immédiates. Les « Sophro Relax » sont des exercices plus longs qui permettent de prolonger les bénéfices de cette pratique et apprendre, sur du plus long terme, à retrouver bien-être et sérénité. Notre conseil : si vous en avez la possibilité, enregistrez les énoncés et les visualisations des exercices afin de pouvoir les réutiliser facilement…

5

SI VOUS ÊTES PLUS TOURNÉ(E) VERS LES AUTRES QUE SUR VOUS-MÊME...

VOUS AVEZ TENDANCE À DIRE TOUJOURS « OUI », quitte à vous oublier... Vous ne vivez que pour et par le regard des autres... Voici quelques cas de figures dans lesquels vous pouvez vous retrouver.

Dans la vie privée

- Marie-Claude : « Je ne me sens plus considérée par ma famille. »
- Mélanie : « Je trouve que mon conjoint ne me dit pas assez je t'aime. »
- Pierre : « Dans mes relations, j'aimerai être plus charismatique. »
- Dominique : « Mon travail ne me permet pas de répondre à mes engagements familiaux. Je culpabilise. »

Au travail

- Françoise : « Je suis débordée car je n'arrive pas à dire non. »

- Philippe : « On me propose un nouveau poste mais je doute de mes capacités. »
- David : « Mon entreprise se développe : mes méthodes de management sont bousculées. »
- Stéphanie : « Je prends les remarques professionnelles pour des attaques personnelles... »

DANS LA VIE PRIVÉE

Marie-Claude : « Je ne me sens plus considérée par ma famille »

Voici ses enfants devenus autonomes... De ce fait, chaque membre de la famille évolue dans son univers : plus de repas pris tous ensemble, d'activités communes, de longues discussions... Chaque fois que l'un d'entre eux rentre à la maison et la salue à peine, Marie-Claude sent monter la colère. Puis, suit une phase de culpabilité, de dépréciation d'elle-même qui la fait se sentir inutile. Comment peut-elle évacuer ces sentiments ?

SOPHRO EXPRESS (EXERCICE D'URGENCE) : « Le miroir »

- **Objectifs :** se regarder. Reprendre conscience que l'on existe. Renforcer sa confiance en soi.
- **Méthode :** debout, les jambes légèrement écartées, inspirez en croisant les mains sur la tête. Maintenez la position quelques instants, poumons pleins. Soufflez en laissant redescendre vos mains devant vous tout en projetant l'image de votre corps au passage des mains. Répétez l'exercice trois fois. Prenez conscience de votre présence, ici et maintenant.

- **Notre conseil :** descendez vos mains et touchez chaque partie du corps pour mieux en percevoir les volumes.

Sophro Relax (exercice de fond) :
« Je suis au bord de la rivière »

Objectifs : vous aider à vous recentrer sur vous-même pour mieux évoluer dans l'espace et avec les gens qui vous entourent. Retrouvez un point d'enracinement et d'équilibre par la visualisation suivante : imaginez-vous être au bord d'une rivière. Celle-là même à qui l'on ne prête pas attention mais qui fait pourtant partie d'un ensemble, d'un cycle. Elle est présente, sans forcément créer du lien, mais chaque goutte reste indispensable à chaque étape de la vie.

© InterEditions – La photocopie non autorisée est un délit

Méthode :

Étape 1 : installez-vous confortablement.

- Observez l'espace autour de vous puis fermez les yeux.
- Mettez-vous à présent à l'écoute de votre corps.

Étape 2 : détendez-vous.

- Portez attention à votre tête, à votre visage.
- Desserrez vos mâchoires, vos dents.
- Prenez conscience à présent que votre visage est détendu et relâché.
- Laissez la détente envahir votre nuque, vos trapèzes, vos épaules, jusqu'à vos mains et le bout de vos doigts.
- Prenez conscience à présent que vos membres supérieurs sont détendus et relâchés.
- Portez attention à votre dos.
- Relâchez les muscles tout le long de votre colonne vertébrale, du haut jusqu'en bas.
- Prenez conscience à présent que votre dos est détendu et relâché.
- Respirez profondément et calmement.
- Percevez les mouvements de votre cage thoracique à chaque respiration.
- Relâchez votre ventre.
- Percevez les mouvements de votre ventre à chaque respiration.
- Prenez conscience à présent que votre buste est détendu et relâché.
- Relâchez les muscles de vos cuisses, vos genoux, vos mollets, vos chevilles, vos pieds jusqu'au bout de vos orteils.
- Prenez conscience à présent que vos membres inférieurs sont détendus et relâchés.

- Maintenant, prenez conscience que tout votre corps est détendu et relâché.

Étape 3 : imaginez...
Une rivière claire et limpide.

- Suivez un instant le cours de l'eau...
- Découvrez des enfants jouant au bord de l'eau qui coule doucement. Écoutez leurs rires.
- Au loin, vous apercevez des animaux s'approchant de la rivière pour se désaltérer.
- Vous avancez encore, paisiblement et suivez la progression de la rivière.
- Observez que sur son passage elle irrigue les fleurs et les arbres.
- Tout est harmonieux au sein de ce paysage, vous vous sentez bien.
- Cette eau vous porte et vous inspire. Elle est la vie, le lien entre les Hommes et la Nature.
- Imaginez-vous comme elle. Imprégnez-vous de ces sensations positives.

Étape 4 : retrouvez votre environnement.

- Reprenez contact avec les points d'appui de votre corps.
- Prenez conscience des bruits extérieurs.
- Inspirez profondément pour vous dynamiser.
- Bougez légèrement vos mains, vos pieds.
- Étirez-vous.
- Lorsque vous vous sentirez prêt(e), ouvrez les yeux.

Notre conseil : pour prolonger ce moment de détente, investissez dans un CD reproduisant les sons de la nature et écoutez quelques instants le bruit de l'eau.

© InterEditions – La photocopie non autorisée est un délit

> À RETENIR
>
> **Si vous vous sentez « transparent(e) », pensez à l'eau ! Elle aussi est transparente et pourtant, elle est indispensable à la vie qui l'entoure. Ce qui est transparent peut être essentiel et inestimable.**

Mélanie : « Je trouve que mon conjoint ne me dit pas assez je t'aime »

Mélanie a besoin qu'on lui montre beaucoup d'amour. À défaut, elle a tendance à douter d'elle-même et de l'authenticité de l'amour qu'on lui porte. Sans démonstrations répétées de la part de son conjoint, elle se sent triste et perdue et se pose de nombreuses questions sur sa relation avec lui : suis-je « aimable » ? Ai-je vraiment de la valeur à ses yeux ? Suis-je estimable ?

SOPHRO EXPRESS (EXERCICE D'URGENCE) : « Je prends - je donne »

- **Objectifs :** matérialiser l'amour de son conjoint. Le ramener vers soi et s'en nourrir. Être dans l'échange et plus uniquement dans l'attente.
- **Méthode :** debout, les pieds bien ancrés au sol, inspirez en levant les bras devant vous. Bloquez votre respiration quelques instants, pliez les coudes et ramener les mains vers vous. Expirez en laissant les avant-bras redescendre le long du corps. Prenez conscience de la sensation agréable de « prendre et de donner ».
- **Notre conseil :** au moment de l'inspiration, remémorez-vous une odeur, une couleur symbolisant pour vous l'amour. Puis soufflez en imaginant qu'elle se diffuse en vous.

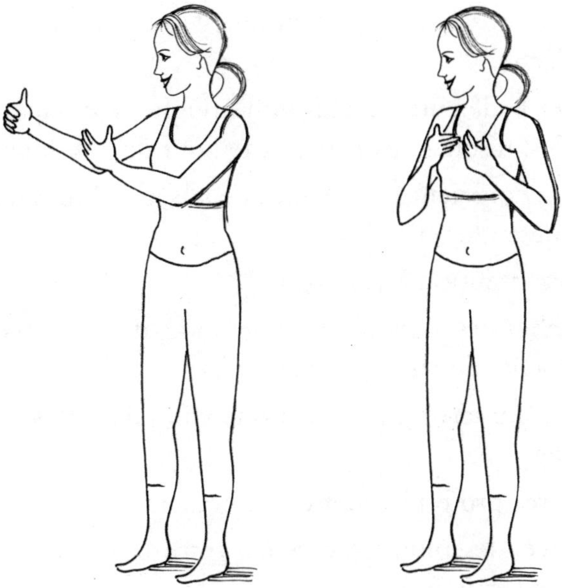

SOPHRO RELAX (EXERCICE DE FOND) :
« Je suis un diamant »

Objectifs : prendre un moment pour apporter un nouvel éclairage sur ce que vous êtes, sur votre valeur. Redécouvrir ainsi les multiples facettes de votre personnalité. Recentrez-vous sur vous-même par la visualisation suivante : imaginez-vous être un diamant. Celui-là même que l'on protège pour sa grande valeur. Il est unique et se distingue par son éclat. Vous êtes comme lui éclatant(e).

Méthode :

Étape 1 : installez-vous confortablement.

- Observez l'espace autour de vous puis fermez les yeux.
- Mettez-vous à présent à l'écoute de votre corps.

Étape 2 : détendez-vous.

- Portez attention à votre tête, à votre visage.
- Desserrez vos mâchoires, vos dents.

© InterEditions – La photocopie non autorisée est un délit

- Prenez conscience à présent que votre visage est détendu et relâché.
- Laissez la détente envahir votre nuque, vos trapèzes, vos épaules, jusqu'à vos mains et le bout de vos doigts.
- Prenez conscience à présent que vos membres supérieurs sont détendus et relâchés.
- Portez attention à votre dos.
- Relâchez les muscles tout le long de votre colonne vertébrale, du haut jusqu'en bas.
- Prenez conscience à présent que votre dos est détendu et relâché.
- Respirez profondément et calmement.
- Percevez les mouvements de votre cage thoracique à chaque respiration.
- Relâchez votre ventre.
- Percevez les mouvements de votre ventre à chaque respiration.
- Prenez conscience à présent que votre buste est détendu et relâché.
- Relâchez les muscles de vos cuisses, vos genoux, vos mollets, vos chevilles, vos pieds jusqu'au bout de vos orteils.
- Prenez conscience à présent que vos membres inférieurs sont détendus et relâchés.
- Maintenant, prenez conscience que tout votre corps est détendu et relâché.

Étape 3 : imaginez...
Vous êtes sur une plage.

- Le ciel est clair, l'eau est calme, vous entendez le frémissement doux des vagues.

- Il fait chaud et une légère brise vient caresser votre visage.
- Vous marchez paisiblement en vous remplissant de l'air iodé de la mer.
- C'est un véritable moment de paix, vous vous ressourcez.
- En inspirant, vous sentez la chaleur du soleil envahir votre ventre et diffuser ses bienfaits dans l'ensemble de votre corps.
- La lumière autour de vous est éclatante.
- Soudain, ce regain de lumière vient éclairer dans le sable un point qui scintille.
- Vous allez vers ce point et vous découvrez un diamant caché dans le sable.
- Vous vous approchez et apercevez votre reflet dans ce diamant.
- Vous êtes à présent ce diamant, comme lui vous brillez d'un magnifique éclat.
- Comme lui, vous percevez votre valeur inestimable.
- Imprégnez-vous de ces sensations positives.

Étape 4 : retrouvez votre environnement.

- Reprenez contact avec les points d'appui de votre corps.
- Prenez conscience des bruits extérieurs.
- Inspirez profondément pour vous dynamiser.
- Bougez légèrement vos mains, vos pieds.
- Étirez-vous.
- Lorsque vous vous sentirez prêt(e), ouvrez les yeux.

Notre conseil : pour prolonger ce moment de détente, offrez-vous une pierre décorative à poser dans votre environnement proche et observez régulièrement l'éclat de ses multiples facettes.

© InterEditions – La photocopie non autorisée est un délit

À RETENIR

L'autre n'est pas toujours le seul à pouvoir remplir notre besoin d'amour. La première réponse à ce besoin est de s'aimer soi-même.

Pierre : « Dans mes relations, j'aimerais être plus charismatique »

De nature effacée et plutôt timide, Pierre a tendance à se fondre dans la masse et à vouloir toujours faire plaisir à l'autre en priorité. Il rêve en secret d'être sous les feux des projecteurs, d'attirer les regards, de s'affirmer, de faire preuve d'audace sans trop savoir comment s'y prendre...

SOPHRO EXPRESS (EXERCICE D'URGENCE) : « La marche avec des tigres »

- **Objectifs :** retrouver du courage. Renforcer sa prestance naturelle. Arriver à en « imposer ».
- **Méthode :** debout, respirez librement. Marchez sur place doucement, en décomposant au maximum le mouvement. Puis revenez en appui sur vos deux jambes. Pendant cette marche, imaginez deux tigres à vos côtés. Vous marchez avec eux. Répétez l'exercice trois fois. Prenez conscience de la confiance en vous et de l'assurance qui vous habite.
- **Notre conseil :** accrochez une image représentant un animal fort et qui en impose dans votre environnement. Pensez à cet animal et à cet exercice à chaque fois que le besoin s'en fait sentir.

SOPHRO RELAX (EXERCICE DE FOND) :
« Je me projette »

Objectifs : se projeter dans une situation future. Se l'imaginer afin d'avoir, au moment où la situation se produit vraiment, le comportement adapté pour y faire face. En effet, en créant une situation factice, le cerveau conçoit des réponses modèles. En situation, les émotions sont maîtrisées par ce travail d'anticipation et l'émotionnel ne prend alors plus le dessus.

Méthode :

Étape 1 : installez-vous confortablement.

- Observez l'espace autour de vous puis fermez les yeux.
- Mettez-vous à présent à l'écoute de votre corps.

Étape 2 : détendez-vous.

- Portez attention à votre tête, à votre visage.

© InterEditions – La photocopie non autorisée est un délit

- Desserrez vos mâchoires, vos dents.
- Prenez conscience à présent que votre visage est détendu et relâché.
- Laissez la détente envahir votre nuque, vos trapèzes, vos épaules, jusqu'à vos mains et le bout de vos doigts.
- Prenez conscience à présent que vos membres supérieurs sont détendus et relâchés.
- Portez attention à votre dos.
- Relâchez les muscles tout le long de votre colonne vertébrale, du haut jusqu'en bas.
- Prenez conscience à présent que votre dos est détendu et relâché.
- Respirez profondément et calmement.
- Percevez les mouvements de votre cage thoracique à chaque respiration.
- Relâchez votre ventre.
- Percevez les mouvements de votre ventre à chaque respiration.
- Prenez conscience à présent que votre buste est détendu et relâché.
- Relâchez les muscles de vos cuisses, vos genoux, vos mollets, vos chevilles, vos pieds jusqu'au bout de vos orteils.
- Prenez conscience à présent que vos membres inférieurs sont détendus et relâchés.
- Maintenant, prenez conscience que tout votre corps est détendu et relâché.

Étape 3 : imaginez…

Vous arrivez dans une soirée.

- Dès votre arrivée, les regards se posent sur vous et vous vous sentez bien.

- Cela continue au fur et à mesure de votre progression dans les lieux. Vous traversez la pièce et saluez les personnes déjà présentes.
- Imaginez votre aura, votre charisme.
- Prenez le temps de savourer la scène.
- Observez et détaillez les lieux, les personnes qui vous entourent, les couleurs.
- Prêtez attention aux bruits, aux rires, aux compliments qui vous parviennent.
- Sentez les odeurs, les parfums.
- Prenez conscience de tous les détails de la scène.
- Ressentez le bien-être que cet état vous procure.
- Appréciez votre victoire, votre réussite en ce moment où les regards se portent sur vous.
- Prenez conscience du positif que cela vous procure et laissez-vous porter par cette sensation agréable.
- Savourez cette satisfaction.
- Pour imprégner votre être tout entier de cette sensation positive, inspirez en gonflant votre ventre. Retenez votre respiration et inscrivez cette réussite dans votre tête. Soufflez doucement pour la diffuser dans tout votre corps.
- Imprégnez-vous de toutes ces sensations.

Étape 4 : retrouvez votre environnement.

- Reprenez contact avec les points d'appui de votre corps.
- Prenez conscience des bruits extérieurs.
- Inspirez profondément pour vous dynamiser.
- Bougez légèrement vos mains, vos pieds.
- Étirez-vous.
- Lorsque vous vous sentirez prêt(e), ouvrez les yeux.

© InterEditions – La photocopie non autorisée est un délit

Notre conseil : pour prolonger ce moment de détente, répétez-vous doucement, en vous regardant dans la glace « j'ai du charisme »... Le cerveau retiendra cette vérité et vous vous imprégnerez ainsi d'une idée positive.

> À RETENIR
> Le cerveau est un outil extraordinaire car il est « programmable ». On peut, grâce à lui, arriver à se rassurer et à conditionner un sentiment de réussite.

Dominique : « Mon travail ne me permet pas de répondre à mes engagements familiaux. Je culpabilise... »

Le job de Dominique l'amène à se déplacer et à travailler en horaires décalés... Du coup, il est l'éternel absent aux fêtes de l'école, réunions de parents, anniversaires, etc. Et c'est bien malgré lui qu'il manque à l'appel. Cela le culpabilise. Tiraillé entre son travail et sa famille, il aimerait réussir à mieux vivre cette situation...

SOPHRO EXPRESS (EXERCICE D'URGENCE) : *« Le pompage des épaules »*

- **Objectifs :** évacuer la culpabilité. Chasser les tensions physiques qu'elle génère. Ne pas laisser le doute s'installer.
- **Méthode :** debout, les pieds bien à plat sur le sol, les épaules relâchées. Inspirez en gonflant le ventre et retenez l'air un instant. Haussez les épaules comme pour pomper et soufflez. Attention, ce sont les épaules qui doivent bouger et non les bras ou les avant-bras. Répétez l'exercice trois fois en prenant le temps de récupérer entre chaque mouvement. Prenez conscience

du relâchement de vos trapèzes et de vos membres supérieurs.

- **Notre conseil :** pour varier les sensations et l'intensité de l'exercice, vous pouvez alterner des mouvements lents et rapides.

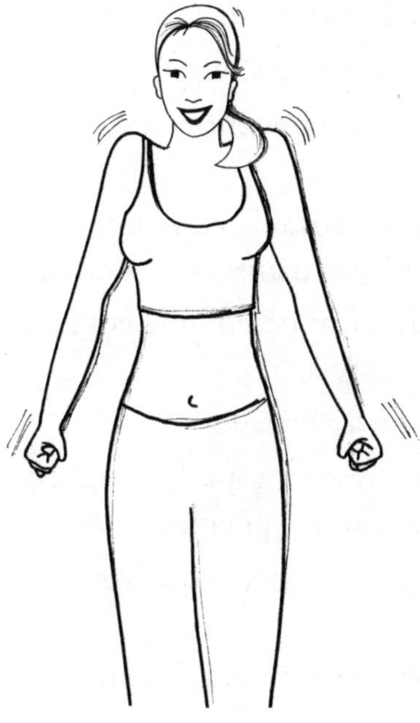

Sophro Relax (exercice de fond) :
« Je valorise les moments de partage »

Objectifs : apprendre à apprécier les moments que vous partagez avec votre famille, même s'ils ne s'inscrivent pas dans les conventions sociales classiques. De prendre suffisamment de recul pour se dire que ces rendez-vous privilégiés sont tout aussi importants et appréciables. Ils constituent le socle d'une solide relation.

© InterEditions – La photocopie non autorisée est un délit

Méthode :

Étape 1 : installez-vous confortablement.

- Observez l'espace autour de vous puis fermez les yeux.
- Mettez-vous à présent à l'écoute de votre corps.

Étape 2 : détendez-vous.

- Portez attention à votre tête, à votre visage.
- Desserrez vos mâchoires, vos dents.
- Prenez conscience à présent que votre visage est détendu et relâché.
- Laissez la détente envahir votre nuque, vos trapèzes, vos épaules, jusqu'à vos mains et le bout de vos doigts.
- Prenez conscience à présent que vos membres supérieurs sont détendus et relâchés.
- Portez attention à votre dos.
- Relâchez les muscles tout le long de votre colonne vertébrale, du haut jusqu'en bas.
- Prenez conscience à présent que votre dos est détendu et relâché.
- Respirez profondément et calmement.
- Percevez les mouvements de votre cage thoracique à chaque respiration.
- Relâchez votre ventre.
- Percevez les mouvements de votre ventre à chaque respiration.
- Prenez conscience à présent que votre buste est détendu et relâché.
- Relâchez les muscles de vos cuisses, vos genoux, vos mollets, vos chevilles, vos pieds jusqu'au bout de vos orteils.

- Prenez conscience à présent que vos membres inférieurs sont détendus et relâchés.
- Maintenant, prenez conscience que tout votre corps est détendu et relâché.

Étape 3 : imaginez...

Les événements positifs que vous avez déjà partagés avec votre famille.

- Rappelez-vous de ces petits instants de joie, ces grands moments de bonheur.
- Laissez-les émerger sans restriction, sans jugement.
- Accueillez tous ces souvenirs comme ils se présentent, sans jugement.
- Prenez le temps de les détailler, les reconnaître.
- Percevez les sensations agréables qui s'en dégagent.
- Valorisez-les.
- Savourez leurs effets bénéfiques.
- Prenez conscience de tout ce positif.
- Pour vous imprégner de ces sensations agréables, inspirez en gonflant votre ventre, bloquez votre respiration, puis expirez doucement en sentant les sensations positives se diffuser dans tout votre corps.
- Imprégnez-vous de ces sensations positives.

Étape 4 : retrouvez votre environnement.

- Reprenez contact avec les points d'appui de votre corps.
- Prenez conscience des bruits extérieurs.
- Inspirez profondément pour vous dynamiser.
- Bougez légèrement vos mains, vos pieds.
- Étirez-vous.
- Lorsque vous vous sentirez prêt(e), ouvrez les yeux.

© InterEditions – La photocopie non autorisée est un délit

Notre conseil : pour prolonger ce moment de détente, lorsque vous vivrez des situations privilégiées avec votre famille, prenez conscience de la qualité de ces moments et du fait qu'ils existent. Marquez chaque moment d'échange par une pause qui vous permettra de bien l'intégrer en vous.

> À RETENIR
> Les moments partagés du quotidien peuvent être uniques et exceptionnels si l'on décide qu'ils le sont.

AU TRAVAIL

Françoise : « Je suis débordée car je n'arrive pas à dire non »

Dossiers qui s'empilent, urgences, prise en charge du travail de ses collègues absents... Le supérieur hiérarchique de Françoise ne cesse de lui rajouter du travail. Afin de répondre à la demande et ne pas déplaire, elle dit toujours « oui ». Résultat : elle est exténuée et gie pour affirmer ses choix de façon posée ?

SOPHRO EXPRESS (EXERCICE D'URGENCE) :
« L'exercice du cou »

- **Objectifs :** évacuer le stress, libérer les tensions du cou et dénouer la gorge pour mieux s'affirmer. Détendre la nuque et les épaules pour dire plus facilement non et/ou oui à bon escient. Retrouver une certaine mobilité pour mieux s'affirmer.
- **Méthode :** debout, inspirez par le nez. Une fois que vos poumons sont pleins, retenez votre respiration en

tournant la tête comme pour dire non, puis soufflez par la bouche. Répétez l'exercice trois fois. Dans un second temps, inspirez toujours profondément en gonflant vos poumons. Retenez votre respiration en balançant la tête comme pour dire oui et soufflez. Répétez l'exercice trois fois. Prenez conscience des tensions soulagées et de votre capacité à dire oui ou non.

- **Notre conseil :** faites l'exercice en énonçant à voix haute « oui » et « non ».

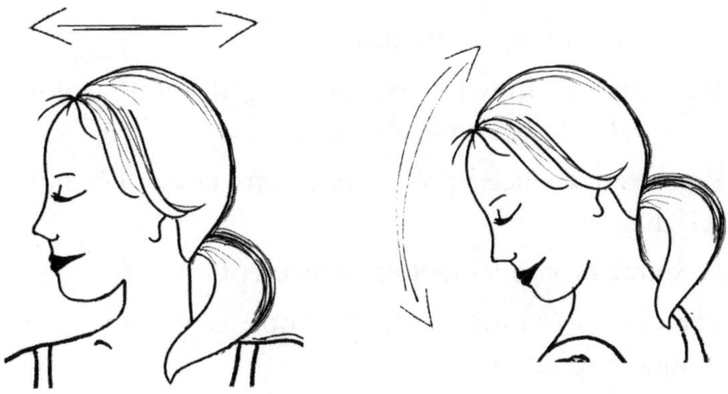

Sophro Relax (exercice de fond) :
« Me souvenir de la dernière fois où j'ai su m'affirmer »

Objectifs : inscrire mentalement tout ce qui s'est passé dans une situation donnée, tant au niveau externe (lieu, ambiance...) qu'au niveau interne (rythme cardiaque, chaleur, sensations physiques...) afin d'identifier l'émotion ressentie à ce moment là : joie, soulagement, fierté... Revivre ces émotions à chaque fois que le besoin s'en fait sentir.

Méthode :

Étape 1 : installez-vous confortablement.

- Observez l'espace autour de vous puis fermez les yeux.
- Mettez-vous à présent à l'écoute de votre corps.

© InterEditions – La photocopie non autorisée est un délit

Étape 2 : détendez-vous.

- Portez attention à votre tête, à votre visage.
- Desserrez vos mâchoires, vos dents.
- Prenez conscience à présent que votre visage est détendu et relâché.
- Laissez la détente envahir votre nuque, vos trapèzes, vos épaules, jusqu'à vos mains et le bout de vos doigts.
- Prenez conscience à présent que vos membres supérieurs sont détendus et relâchés.
- Portez attention à votre dos.
- Relâchez les muscles tout le long de votre colonne vertébrale, du haut jusqu'en bas.
- Prenez conscience à présent que votre dos est détendu et relâché.
- Respirez profondément et calmement.
- Percevez les mouvements de votre cage thoracique à chaque respiration.
- Relâchez votre ventre.
- Percevez les mouvements de votre ventre à chaque respiration.
- Prenez conscience à présent que votre buste est détendu et relâché.
- Relâchez les muscles de vos cuisses, vos genoux, vos mollets, vos chevilles, vos pieds jusqu'au bout de vos orteils.
- Prenez conscience à présent que vos membres inférieurs sont détendus et relâchés.
- Maintenant, prenez conscience que tout votre corps est détendu et relâché.

Étape 3 : imaginez...

Une scène durant laquelle vous avez réussi à vous affirmer, à dire non, sans heurt, sans colère et sans peur.

- Concentrez-vous sur l'environnement de cette scène.
- Observez les lieux, les couleurs, les personnes qui vous entourent.
- Prenez conscience ensuite de toutes vos perceptions physiques : les battements de votre cœur, votre respiration...
- Prenez conscience à présent des émotions qui vous traversent : la fierté d'y être arrivé(e), la joie, la sérénité...
- Imprégnez-vous de ce bien-être et des sensations agréables.
- Inscrivez-les profondément en vous. Inspirez en gonflant votre ventre, retenez votre respiration et soufflez doucement afin de les diffuser dans votre corps.
- Percevez ces sensations positives « ici et maintenant ».

Étape 4 : retrouvez votre environnement.

- Reprenez contact avec les points d'appui de votre corps.
- Prenez conscience des bruits extérieurs.
- Inspirez profondément pour vous dynamiser.
- Bougez légèrement vos mains, vos pieds.
- Étirez-vous.
- Lorsque vous vous sentirez prêt(e), ouvrez les yeux.

Notre conseil : pour prolonger ce moment de détente, relativisez le poids du « non ». Si vous vous affirmez en disant « non », quelles en seront les conséquences ? Elles ne seront pas forcément graves ! Prendre conscience du réel enjeu de la situation permet de relativiser et de mieux assumer son positionnement.

© InterEditions – La photocopie non autorisée est un délit

> À RETENIR
>
> Dire « non » à une situation n'est pas dire « non » à une personne. Cette nuance peut aider à relativiser lorsque l'on a du mal à s'affirmer par peur de blesser l'autre.

David : « On me propose un nouveau poste mais je doute de mes capacités »

Face à une promotion, un compliment, David a tendance à se dévaloriser. À ses yeux, les autres sont toujours meilleurs que lui. Ayant peu confiance en ses capacités, il a le réflexe de se déprécier. Lorsqu'une promotion a été possible dans son entreprise, il a d'ailleurs été très étonné que l'on fasse appel à lui.

SOPHRO EXPRESS (EXERCICE D'URGENCE) : « Les moulinets »

- **Objectifs :** sentir sa force, ses capacités. Mobiliser ses ressources. Atteindre son objectif.
- **Méthode :** debout, inspirez, les bras placés le long du corps. Poumons pleins, retenez votre respiration et faites des grands cercles circulaires avec un bras. Pendant cette rotation, imaginez lancer un objet le plus loin possible afin d'atteindre un objectif. Soufflez en laissant revenir le bras le long du corps. Répétez l'exercice avec l'autre bras. Prenez conscience de vos ressources et de votre capacité à atteindre un objectif.
- **Notre conseil :** renouvelez l'exercice en imaginant derrière ce geste, une ressource à stimuler : la force, la détermination, la ténacité, l'endurance, etc.

Sophro Relax (exercice de fond) :
« De chenille, je deviens papillon »

Objectifs : briser le cocon dans lequel vous vous trouvez : un cocon plein de certitudes où vous êtes convaincu(e) que vous n'y arriverez pas. Or, si l'on vous propose ce poste, c'est que l'on croit en vous, que l'on vous pense capable d'y arriver. Il faut révéler le papillon qui sommeille en vous... Voir les possibilités dont vous disposez.

Méthode :

Étape 1 : installez-vous confortablement.

- Observez l'espace autour de vous puis fermez les yeux.
- Mettez-vous à présent à l'écoute de votre corps.

© InterEditions – La photocopie non autorisée est un délit

Étape 2 : détendez-vous.

- Portez attention à votre tête, à votre visage.
- Desserrez vos mâchoires, vos dents.
- Prenez conscience à présent que votre visage est détendu et relâché.
- Laissez la détente envahir votre nuque, vos trapèzes, vos épaules, jusqu'à vos mains et le bout de vos doigts.
- Prenez conscience à présent que vos membres supérieurs sont détendus et relâchés.
- Portez attention à votre dos.
- Relâchez les muscles tout le long de votre colonne vertébrale, du haut jusqu'en bas.
- Prenez conscience à présent que votre dos est détendu et relâché.
- Respirez profondément et calmement.
- Percevez les mouvements de votre cage thoracique à chaque respiration.
- Relâchez votre ventre.
- Percevez les mouvements de votre ventre à chaque respiration.
- Prenez conscience à présent que votre buste est détendu et relâché.
- Relâchez les muscles de vos cuisses, vos genoux, vos mollets, vos chevilles, vos pieds jusqu'au bout de vos orteils.
- Prenez conscience à présent que vos membres inférieurs sont détendus et relâchés.
- Maintenant, prenez conscience que tout votre corps est détendu et relâché.

Étape 3 : imaginez...

Vous êtes une chenille, installée confortablement dans un cocon douillet et réconfortant.

- C'est un endroit très confortable, au sein duquel vous pouvez vous conforter dans vos croyances.
- Mais grâce à une intervention extérieure, ce cocon commence à s'élargir et progressivement à se déchirer.
- De façon tout à fait naturelle, il vous permet de vous déployer et de prendre une place plus généreuse.
- Soudain, vous découvrez avec surprise votre nouvelle apparence physique : vos antennes, vos ailes, vos pattes fines...
- Vous tournez légèrement la tête et découvrez les magnifiques couleurs qui ornent votre corps, vos ailes.
- Vous sentez vos ailes légèrement se mouvoir, puis se mettre à battre régulièrement afin de vous permettre de vous envoler.
- Prenez à présent votre envol et allez plus loin que vous ne l'aviez imaginé.
- Prenez plaisir à cette liberté.
- Réjouissez-vous de cette nouvelle capacité.
- Imprégnez-vous de ces sensations positives.

Étape 4 : retrouvez votre environnement.

- Reprenez contact avec les points d'appui de votre corps.
- Prenez conscience des bruits extérieurs.
- Inspirez profondément pour vous dynamiser.
- Bougez légèrement vos mains, vos pieds.
- Étirez-vous.
- Lorsque vous vous sentirez prêt(e), ouvrez les yeux.

© InterEditions – La photocopie non autorisée est un délit

Notre conseil : pour prolonger ce moment de détente, demandez à vos proches d'énumérer les qualités qu'ils vous reconnaissent.

À RETENIR

Si vous avez du mal à vous faire confiance, acceptez la confiance de ceux à qui vous accordez du crédit (vos proches, amis, famille, etc.). Nourrissez-vous de la confiance que l'on vous donne.

Philippe : « Mon entreprise se développe : mes méthodes de management sont bousculées »

L'entreprise dans laquelle travaille Philippe s'agrandit et ses équipes s'étoffent... Alors qu'il réussissait à les manager de façon « familiale », sa capacité à se sur-adapter met aujourd'hui en péril le bon fonctionnement de sa nouvelle équipe. Il lui faut maintenant fonctionner avec un cadre plus « strict ». Quitte à prendre le risque de déplaire, il va devoir encadrer plus fermement ses collaborateurs et leur demander plus de résultats.

SOPHRO EXPRESS (EXERCICE D'URGENCE) : « La respiration pleine »

- **Objectifs :** se recentrer sur soi. Prendre conscience de sa place. Affirmer ce que l'on a à dire calmement.
- **Méthode :** debout, la tête bien droite, inspirez profondément en gonflant le ventre puis les côtes. Bloquez quelques instants votre respiration poumons pleins en prenant conscience du volume de ces derniers. Soufflez et relâchez. Prenez conscience de la force de votre souffle.
- **Notre conseil :** répétez cet exercice à chaque fois que vous êtes amené(e) à vous confronter à vos équipes.

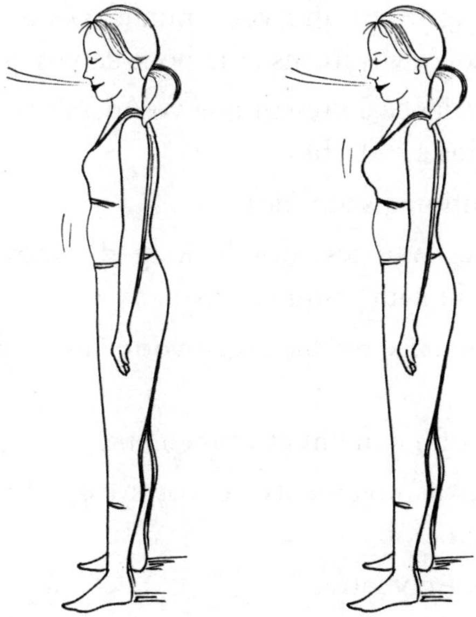

SOPHRO RELAX (EXERCICE DE FOND) :
« Je me transforme en chef d'orchestre »

Objectifs : se confronter aux autres en étant sûr de soi et de son positionnement de cadre. Il s'agit d'apprendre à ne pas avoir peur de diriger, à donner le la sans complexe et sans crainte.

Méthode :

Étape 1 : installez-vous confortablement.

- Observez l'espace autour de vous puis fermez les yeux.
- Mettez-vous à présent à l'écoute de votre corps.

Étape 2 : détendez-vous.

- Portez attention à votre tête, à votre visage.
- Desserrez vos mâchoires, vos dents.
- Prenez conscience à présent que votre visage est détendu et relâché.

© InterEditions – La photocopie non autorisée est un délit

- Laissez la détente envahir votre nuque, vos trapèzes, vos épaules, jusqu'à vos mains et le bout de vos doigts.
- Prenez conscience à présent que vos membres supérieurs sont détendus et relâchés.
- Portez attention à votre dos.
- Relâchez les muscles tout le long de votre colonne vertébrale, du haut jusqu'en bas.
- Prenez conscience à présent que votre dos est détendu et relâché.
- Respirez profondément et calmement.
- Percevez les mouvements de votre cage thoracique à chaque respiration.
- Relâchez votre ventre.
- Percevez les mouvements de votre ventre à chaque respiration.
- Prenez conscience à présent que votre buste est détendu et relâché.
- Relâchez les muscles de vos cuisses, vos genoux, vos mollets, vos chevilles, vos pieds jusqu'au bout de vos orteils.
- Prenez conscience à présent que vos membres inférieurs sont détendus et relâchés.
- Maintenant, prenez conscience que tout votre corps est détendu et relâché.

Étape 3 : imaginez…
Vous êtes un chef d'orchestre…

- Vous donnez vos consignes afin que chacun puisse jouer dans un cadre, avec des contraintes à la fois générales et qui lui sont propres (en fonction de l'instrument qu'il représente).

- Tous les musiciens sont dans le rythme et remplissent leur tâche, jouent leur rôle.
- Vous obtenez un résultat très harmonieux.
- Vous êtes le garant de cette harmonie et de la bonne cohésion de cette équipe.
- Tous les regards sont dirigés vers vous et vous êtes un référent pour chacun des membres de votre orchestre.
- Imprégnez-vous de ces sensations positives.
- Profitez pleinement de cet instant.

Étape 4 : retrouvez votre environnement.

- Reprenez contact avec les points d'appui de votre corps.
- Prenez conscience des bruits extérieurs.
- Inspirez profondément pour vous dynamiser.
- Bougez légèrement vos mains, vos pieds.
- Étirez-vous.
- Lorsque vous vous sentirez prêt(e), ouvrez les yeux.

Notre conseil : pour prolonger ce moment de détente, écoutez un disque de musique classique en vous imaginant diriger l'orchestre.

© InterEditions – La photocopie non autorisée est un délit

À RETENIR

Le cadre est fondamental pour que chacun puisse se développer et s'épanouir dans un groupe ou une équipe. C'est lui qui donne un espace de liberté et d'expression aux individus.

Stéphanie : « Je prends les remarques professionnelles pour des attaques personnelles »

Au travail, Stéphanie a du mal à faire la part des choses quand un collègue ou son supérieur lui fait une remarque sur son travail. Elle a tendance à l'interpréter comme « il ne m'aime pas ». Préoccupée par le lien avec l'autre et le fait de vouloir plaire et faire plaisir, elle en oublie le caractère factuel de la remarque. Purement professionnelle, cette dernière est dénuée de tout affect. Comment faire pour mettre justement moins d'affect dans ses relations professionnelles ?

Sophro Express (exercice d'urgence) : « Étirement du corps »

- **Objectifs :** évacuer les émotions négatives. Retrouver de la légèreté. Se remettre en contact avec soi.
- **Méthode :** assis(e), inspirez profondément. Poumons pleins, retenez votre respiration et tendez les bras en l'air derrière la tête, jambes tendues. Étirez votre corps dans cette position. Soufflez en relâchant l'ensemble du corps. Répétez l'exercice, au choix, mains croisées derrière la tête ou bras tendus. Prenez conscience de votre légèreté et de votre relâchement.
- **Notre conseil :** pour ancrer l'exercice dans l'instant et ne pas laisser le mental s'emballer, faites l'exercice en gardant les pieds bien au sol et en vous appuyant dessus au moment de l'étirement.

Sophro Relax (exercice de fond) : « Je porte une tenue appropriée »

Objectifs : apprendre à avoir la bonne attitude au bon endroit et au bon moment. En effet, chaque situation que nous vivons nécessite une posture, un comportement différent en fonction de l'endroit où nous nous trouvons : au travail ou dans la vie privée. L'objectif étant de ne pas chercher les mêmes satisfactions dans l'un et dans l'autre. Le curseur de la reconnaissance et de l'amour ne se plaçant

pas au même endroit : être aimé(e) et être apprécié(e) pour ses compétences sont deux choses différentes !

Méthode :

Étape 1 : installez-vous confortablement.

- Observez l'espace autour de vous puis fermez les yeux.
- Mettez-vous à présent à l'écoute de votre corps.

Étape 2 : détendez-vous.

- Portez attention à votre tête, à votre visage.
- Desserrez vos mâchoires, vos dents.
- Prenez conscience à présent que votre visage est détendu et relâché.
- Laissez la détente envahir votre nuque, vos trapèzes, vos épaules, jusqu'à vos mains et le bout de vos doigts.

© InterEditions – La photocopie non autorisée est un délit

- Prenez conscience à présent que vos membres supérieurs sont détendus et relâchés.
- Portez attention à votre dos.
- Relâchez les muscles tout le long de votre colonne vertébrale, du haut jusqu'en bas.
- Prenez conscience à présent que votre dos est détendu et relâché.
- Respirez profondément et calmement.
- Percevez les mouvements de votre cage thoracique à chaque respiration.
- Relâchez votre ventre.
- Percevez les mouvements de votre ventre à chaque respiration.
- Prenez conscience à présent que votre buste est détendu et relâché.
- Relâchez les muscles de vos cuisses, vos genoux, vos mollets, vos chevilles, vos pieds jusqu'au bout de vos orteils.
- Prenez conscience à présent que vos membres inférieurs sont détendus et relâchés.
- Maintenant, prenez conscience que tout votre corps est détendu et relâché.

Étape 3 : imaginez…

Vous êtes devant votre dressing et vous choisissez votre tenue pour la journée.

- Vous vous voyez en train de passer en revue vos différentes tenues afin de choisir celle qui conviendra le mieux à la situation que vous allez vivre : entretien annuel d'évaluation, réunion de travail, entretien de recrutement, etc.

- Vous êtes devant ce dressing imaginaire et sortez un à un les vêtements dont vous avez besoin.
- Percevez la satisfaction de vous sentir protégé(e) par ces derniers.
- Ils sont imperméables, doux, chauds, confortables, etc.
- Appréciez toutes les sensations.
- Grâce à cette seconde peau imaginaire, invisible aux yeux des autres, vous êtes paré(e) pour affronter la situation.
- Vous vous regardez dans le miroir et appréciez cette sensation de confiance en vous retrouvée.
- Imprégnez-vous de ces sensations positives.

Étape 4 : retrouvez votre environnement.

- Reprenez contact avec les points d'appui de votre corps.
- Prenez conscience des bruits extérieurs.
- Inspirez profondément pour vous dynamiser.
- Bougez légèrement vos mains, vos pieds.
- Étirez-vous.
- Lorsque vous vous sentirez prêt(e), ouvrez les yeux.

Notre conseil : pour prolonger ce moment de détente, portez attention à la fonction rassurante que peut vous apporter tel ou tel vêtement lors de vos prochains achats.

> À RETENIR
>
> **« On ne part pas à la guerre sans armes ! » Il est important de se préparer mentalement avant chaque situation professionnelle potentiellement déstabilisante.**

6

SI VOUS AVEZ BESOIN DE CALME...

PLUTÔT DANS LA CONTEMPLATION QUE DANS L'ACTION, vous avez tendance à prendre un peu trop votre temps... Vous préférez la tranquillité et les petits comités. C'est d'ailleurs ce que l'on peut parfois vous reprocher ! Voici quelques situations dans lesquelles vous pouvez vous retrouver...

Dans la vie privée :

- Elodie : « Mon conjoint me reproche d'être souvent perdue dans mes pensées. »
- Laurent : « Les grandes réunions familiales me stressent. »
- Fabienne : « À la maison, je me sens vite envahie. »
- Marc : « Je n'aime pas les imprévus : ils me déstabilisent. »

Au travail :

- Bruno : « J'ai du mal à travailler en équipe, à communiquer mes idées. »
- Laure : « Je vis mal l'urgence, j'ai besoin de temps. »

- Paul : « Je réfléchis beaucoup et j'ai du mal à passer à l'action. »
- Sophie : « J'ai besoin de calme pour travailler. »

DANS LA VIE PRIVÉE

Élodie : « Mon conjoint me reproche d'être trop souvent perdue dans mes pensées »

Pendant les repas, lors de réunions entre amis, Elodie est souvent « ailleurs » et ne participe pas toujours à la discussion, sauf si on le lui demande. Perdue dans ses réflexions, elle peut sembler « désintéressée » par les autres et son environnement, ce qui n'est pas forcément le cas. Son conjoint lui reproche souvent de ne pas l'écouter alors qu'en fait elle réfléchit déjà à ce qu'il dit...

SOPHRO EXPRESS (EXERCICE D'URGENCE) :
« L'ancrage au sol »

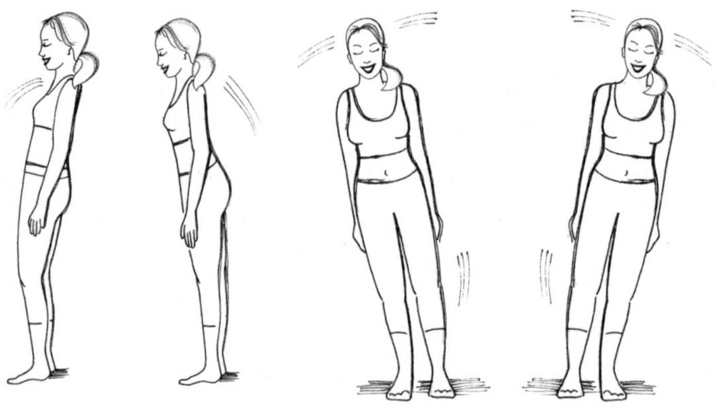

- **Objectifs :** sentir ses appuis. S'ancrer dans le présent. Sentir son axe.

- **Méthode :** debout, les pieds bien à plat, réalisez des mouvements de bascule du corps, d'avant en arrière, sans décoller les pieds du sol afin sentir vos appuis au niveau des orteils et des talons. Répétez l'exercice en faisant les mouvements sur les côtés : de gauche à droite et de droite à gauche. Prenez conscience de vos appuis au sol et sentez votre axe de verticalité.
- **Notre conseil :** pour varier l'exercice, réalisez des mouvements circulaires avec les hanches et/ou en dessinant un « huit couché » avec vos hanches.

SOPHRO RELAX (EXERCICE DE FOND) :
« Je marche sur des sols différents »

Objectifs : prendre conscience que le corps entier permet de garder l'équilibre et de maintenir la concentration. Vous concentrer sur les ressentis corporels pour sortir de la mentalisation. Affiner vos ressentis pour profiter de l'instant présent.

Méthode :

Étape 1 : installez-vous confortablement.

- Observez l'espace autour de vous puis fermez les yeux.
- Mettez-vous à présent à l'écoute de votre corps.

Étape 2 : détendez-vous.

- Portez attention à votre tête, à votre visage.
- Desserrez vos mâchoires, vos dents.
- Prenez conscience à présent que votre visage est détendu et relâché.
- Laissez la détente envahir votre nuque, vos trapèzes, vos épaules, jusqu'à vos mains et le bout de vos doigts.
- Prenez conscience à présent que vos membres supérieurs sont détendus et relâchés.

© InterEditions – La photocopie non autorisée est un délit

- Portez attention à votre dos.
- Relâchez les muscles tout le long de votre colonne vertébrale, du haut jusqu'en bas.
- Prenez conscience à présent que votre dos est détendu et relâché.
- Respirez profondément et calmement.
- Percevez les mouvements de votre cage thoracique à chaque respiration.
- Relâchez votre ventre.
- Percevez les mouvements de votre ventre à chaque respiration.
- Prenez conscience à présent que votre buste est détendu et relâché.
- Relâchez les muscles de vos cuisses, vos genoux, vos mollets, vos chevilles, vos pieds jusqu'au bout de vos orteils.
- Prenez conscience à présent que vos membres inférieurs sont détendus et relâchés.
- Maintenant, prenez conscience que tout votre corps est détendu et relâché.

Étape 3 : imaginez...
Vous êtes pieds nus.

- Vous marchez sur de la terre, concentré(e) sur vos sensations et sur l'instant présent.
- Que ressentez-vous précisément ?
- Peut-être sentez-vous l'humidité, l'aspect granuleux de la terre qui se faufile entre vos orteils, l'irrégularité du sol...
- Puis, vous continuez de marcher et arrivez sur un sol tapis d'herbe. Vos perceptions changent, s'affinent.

- La sensation est plus douce, plus fraîche. Elle vous dynamise.
- Enfin, vous arrivez sur du sable chaud. De nouvelles sensations apparaissent.
- Vous sentez la douceur, l'onctuosité des pas qui s'enfoncent dans ce sable...
- Vous vous sentez bien car ancré(e) dans le présent, dans ce que vous ressentez « ici et maintenant ».
- Vous êtes sorti(e) de votre mental pour vous réapproprier votre corps.
- Imprégnez-vous de ces sensations positives.

Étape 4 : retrouvez votre environnement.

- Reprenez contact avec les points d'appui de votre corps.
- Prenez conscience des bruits extérieurs.
- Inspirez profondément pour vous dynamiser.
- Bougez légèrement vos mains, vos pieds.
- Étirez-vous.
- Lorsque vous vous sentirez prêt(e), ouvrez les yeux.

Notre conseil : pour prolonger ce moment de détente, à chaque fois que vous vous sentez « partir » dans une réflexion, que vous monopolisez uniquement votre mental, faites l'effort de trouver trois sensations physiques sur lesquelles vous raccrocher : chaleur, contact rugueux ou doux, fraîcheur, etc.

À RETENIR

Le corps ne ment pas. Fiez-vous à lui, à ce qu'il vous dit en matière de bien-être ou d'inconfort. Il est important d'apprendre à l'écouter pour se sentir présent dans l'« ici et maintenant ».

© InterEditions – La photocopie non autorisée est un délit

Laurent : « Les grandes réunions familiales me stressent »

Son goût actuel du calme l'amène à fuir les situations où règnent le bruit, l'agitation et l'hyper sollicitation. Ainsi, même si Laurent apprécie sa famille, assister à une réunion familiale constitue pour lui une énorme concession et le stress l'envahit avant chaque événement. Mais il n'est pas toujours évident de faire autrement. En ce moment, il préfère les entrevues en petits comités...

SOPHRO EXPRESS (EXERCICE D'URGENCE) : « L'intériorisation »

- **Objectifs :** vider le stress. Évacuer la pression. Nettoyer l'intérieur de son corps pour prendre du recul.

- **Méthode :** debout, amenez les pouces sur vos oreilles, les index sur vos yeux et les majeurs sur vos narines. Inspirez profondément par la bouche tout en vous penchant en avant. Poumons pleins, retenez l'air quelques instants en gardant la position. Soufflez fortement par le nez en relâchant les bras. Redressez-vous lentement. Répétez l'exercice trois fois. Prenez conscience de la pression qui monte dans votre corps puis qui s'évacue.
- **Notre conseil :** pour varier et accentuer les effets de l'exercice, soufflez par la bouche et par le nez.

SOPHRO RELAX (EXERCICE DE FOND) :
« Je prends le large »

Objectifs : vous inviter à prendre un temps pour vous, à vous isoler et à profiter de ce moment privilégié pour vous débarrasser de votre stress et de vos contrariétés. Vous pourrez ainsi vous délester de tout ce qui vous pèse. Détendu(e), allégé(e) il vous sera plus facile de profiter de la famille qui vous attend.

Méthode :

Étape 1 : installez-vous confortablement.

- Observez l'espace autour de vous puis fermez les yeux.
- Mettez-vous à présent à l'écoute de votre corps.

Étape 2 : détendez-vous.

- Portez attention à votre tête, à votre visage.
- Desserrez vos mâchoires, vos dents.
- Prenez conscience à présent que votre visage est détendu et relâché.
- Laissez la détente envahir votre nuque, vos trapèzes, vos épaules, jusqu'à vos mains et le bout de vos doigts.

© InterEditions – La photocopie non autorisée est un délit

- Prenez conscience à présent que vos membres supérieurs sont détendus et relâchés.
- Portez attention à votre dos.
- Relâchez les muscles tout le long de votre colonne vertébrale, du haut jusqu'en bas.
- Prenez conscience à présent que votre dos est détendu et relâché.
- Respirez profondément et calmement.
- Percevez les mouvements de votre cage thoracique à chaque respiration.
- Relâchez votre ventre.
- Percevez les mouvements de votre ventre à chaque respiration.
- Prenez conscience à présent que votre buste est détendu et relâché.
- Relâchez les muscles de vos cuisses, vos genoux, vos mollets, vos chevilles, vos pieds jusqu'au bout de vos orteils.
- Prenez conscience à présent que vos membres inférieurs sont détendus et relâchés.
- Maintenant, prenez conscience que tout votre corps est détendu et relâché.

Étape 3 : imaginez…
Vous montez à bord d'un bateau.

- Avant de partir, vous prenez le temps de déposer dans la cale tous les problèmes qui vous stressent et vous ennuient.
- Puis, vous prenez les commandes du bateau.
- Cette balade en mer vous permet de prendre le large, de vous évader, au calme et loin de l'agitation terrestre.

- Vous naviguez paisiblement en appréciant le paysage et l'horizon.
- Vous vous sentez bien.
- Vous appréciez la brise légère qui vient vous caresser le visage.
- Vous stoppez à présent le bateau quelques instants, puis vous allez chercher dans la cale l'ensemble des problèmes que vous y aviez déposé.
- Vous les jetez un par un par-dessus bord et vous vous débarrassez à cette occasion du poids qu'ils vous occasionnent.
- Vous vivez pleinement ce moment de solitude et faites le vide.
- Vous êtes maintenant prêt(e) à revenir à quai pour profiter de votre famille qui vous attend.
- Ils vous accueillent à présent chaleureusement.
- Délesté(e) de vos problèmes, vous pouvez pleinement apprécier leur présence, savourer leur contact, leurs sourires...
- Imprégnez-vous de ces sensations positives.

Étape 4 : retrouvez votre environnement.

- Reprenez contact avec les points d'appui de votre corps.
- Prenez conscience des bruits extérieurs.
- Inspirez profondément pour vous dynamiser.
- Bougez légèrement vos mains, vos pieds.
- Étirez-vous.
- Lorsque vous vous sentirez prêt(e), ouvrez les yeux.

Notre conseil : pour prolonger ce moment de détente, mettez-vous en état de « disponibilité » et préparez-vous mentalement. Accordez-vous toujours un moment de

© InterEditions – La photocopie non autorisée est un délit

calme et d'isolement avant de vous rendre à une réunion familiale.

> À RETENIR
>
> En répondant d'abord à vos besoins de calme et d'isolement, vous pourrez ensuite mieux profiter des moments de partage.

Fabienne : « À la maison je me sens vite envahie »

Manque d'espace, famille nombreuse et recomposée, travail à la maison, etc. Toutes les circonstances sont réunies pour que Fabienne craque. Elle a l'impression d'étouffer dès que tout le monde est à la maison. Elle a du mal à s'isoler, elle se sent envahie et n'arrive plus à apprécier les bons moments en famille...

SOPHRO EXPRESS (EXERCICE D'URGENCE) : « Pousser les murs »

- **Objectifs :** se recréer de l'espace. Mettre de la distance entre soi et les autres. Éloigner le sentiment d'invasion.
- **Méthode :** debout, les pieds bien à plat au sol, inspirez en gardant les bras le long de votre corps. Puis, pliez-les jusqu'à porter vos mains à hauteur de vos épaules, paumes tournées vers l'extérieur. Soufflez en tendant les bras sur les côtés comme pour pousser les murs d'un couloir étroit. Répétez l'exercice trois fois. Prenez conscience de l'espace créé et du sentiment de liberté.
- **Notre conseil :** faites ce même exercice en poussant les murs devant vous. Puis, en vous retournant et en les poussant en arrière afin d'agrandir encore plus votre espace.

Sophro Relax (exercice de fond) :
« Je fais un ménage de Printemps »

Objectifs : identifier ce qui génère ce sentiment d'invasion : les attitudes, les gestes, les objets encombrants, une musique trop forte, etc. Pour mieux s'en débarrasser... Prendre conscience que ce ne sont pas forcément les personnes qui nous envahissent mais leurs comportements. Se sentir libéré.

Méthode :

Étape 1 : installez-vous confortablement.

- Observez l'espace autour de vous puis fermez les yeux.
- Mettez-vous à présent à l'écoute de votre corps.

Étape 2 : détendez-vous.

- Portez attention à votre tête, à votre visage.
- Desserrez vos mâchoires, vos dents.

© InterEditions – La photocopie non autorisée est un délit

- Prenez conscience à présent que votre visage est détendu et relâché.
- Laissez la détente envahir votre nuque, vos trapèzes, vos épaules, jusqu'à vos mains et le bout de vos doigts.
- Prenez conscience à présent que vos membres supérieurs sont détendus et relâchés.
- Portez attention à votre dos.
- Relâchez les muscles tout le long de votre colonne vertébrale, du haut jusqu'en bas.
- Prenez conscience à présent que votre dos est détendu et relâché.
- Respirez profondément et calmement.
- Percevez les mouvements de votre cage thoracique à chaque respiration.
- Relâchez votre ventre.
- Percevez les mouvements de votre ventre à chaque respiration.
- Prenez conscience à présent que votre buste est détendu et relâché.
- Relâchez les muscles de vos cuisses, vos genoux, vos mollets, vos chevilles, vos pieds jusqu'au bout de vos orteils.
- Prenez conscience à présent que vos membres inférieurs sont détendus et relâchés.
- Maintenant, prenez conscience que tout votre corps est détendu et relâché.

Étape 3 : imaginez…

Vous préparez de grands sacs dans le cadre d'un ménage de printemps.

- Pour cela, vous passez en revue chacune des pièces de votre maison en prenant le temps de détailler les objets qui s'y trouvent.
- Vous vous rendez compte que certains d'entre eux sont futiles et inutiles : vous pourriez très bien vivre sans.
- Tout ce qui vous encombre est placé dans ces sacs afin de ne garder que l'essentiel.
- De la cave au grenier, toute votre maison est épurée.
- Vous entreposez ensuite ces sacs sur le trottoir en guettant le passage des encombrants.
- Dès que ces derniers sont passés ramasser le tout, vous vous sentez instantanément allégé(e) tant au niveau de votre conscience que de votre corps.
- Vous vous sentez libéré(e) et plus serein(e).
- Imprégnez-vous de ces sensations positives.

Étape 4 : retrouvez votre environnement.

- Reprenez contact avec les points d'appui de votre corps.
- Prenez conscience des bruits extérieurs.
- Inspirez profondément pour vous dynamiser.
- Bougez légèrement vos mains, vos pieds.
- Étirez-vous.
- Lorsque vous vous sentirez prêt(e), ouvrez les yeux.

Notre conseil : au quotidien, prenez l'habitude de changer de vêtements en rentrant chez vous et optez pour une tenue décontractée dans laquelle vous vous sentez à l'aise.

> À RETENIR
>
> On peut se sentir envahi sans l'être vraiment. Ce sentiment est une interprétation de l'esprit et il peut donc être modifié.

© InterEditions – La photocopie non autorisée est un délit

Marc : « je n'aime pas les imprévus : ils me déstabilisent »

Marc déteste les changements de planning. Les invitations à dîner à la dernière minute le déstabilisent... Les week-ends improvisés le paniquent... En ce moment, les imprévus ne sont pas sa tasse de thé ! Avant de vivre une situation, il a besoin de temps pour réfléchir, pour s'y préparer. Il déteste être bousculé et être mis au pied du mur. Or la vie est souvent faite d'imprévus... Comment faire pour ne pas se braquer et apprendre à faire face à de telles situations ?

SOPHRO EXPRESS (EXERCICE D'URGENCE) : « Accepter le mouvement »

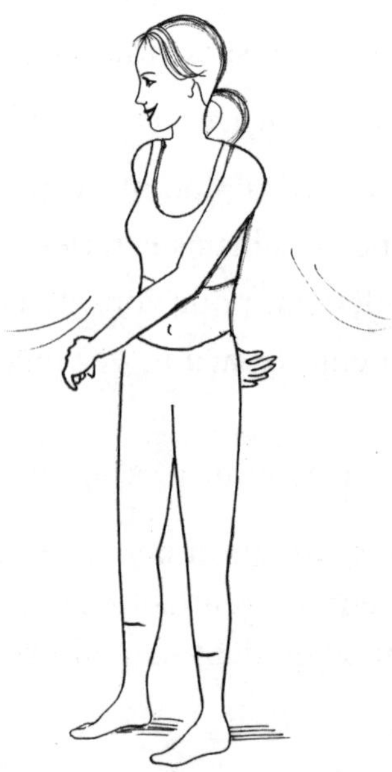

- **Objectifs :** évacuer le stress. Accepter le lâcher prise. Sentir la stabilité malgré le mouvement.

- **Méthode :** debout, les pieds bien à plats, tournez le buste latéralement en relâchant les bras. Dessinez des grands cercles autour de vous avec vos bras souples. Sentez vos pieds bien ancrés au sol. Ralentissez progressivement le mouvement afin de ramener le buste droit. Laissez vos bras finir leur course et revenir progressivement le long de votre corps. Répétez l'exercice trois fois. Prenez conscience de votre stabilité, malgré le mouvement.
- **Notre conseil :** afin de temporiser, prenez quelques instants avant de répondre à une sollicitation et formulez ce besoin de temps.

SOPHRO RELAX (EXERCICE DE FOND) :
« Je suis comme un arbre qui traverse les quatre saisons »

Objectifs : prendre conscience que l'on peut rester stable et solide malgré les imprévus et les transformations qu'ils apportent. Reconsidérer ces imprévus comme autant de richesses potentielles. En effet, ils sont autant de possibilités de vivre des moments que l'on n'aurait pas vécus si l'on avait dit non ou si, tout simplement, ils ne s'étaient pas présentés.

Méthode :

Étape 1 : installez-vous confortablement.

- Observez l'espace autour de vous puis fermez les yeux.
- Mettez-vous à présent à l'écoute de votre corps.

Étape 2 : détendez-vous.

- Portez attention à votre tête, à votre visage.
- Desserrez vos mâchoires, vos dents.
- Prenez conscience à présent que votre visage est détendu et relâché.

© InterEditions – La photocopie non autorisée est un délit

- Laissez la détente envahir votre nuque, vos trapèzes, vos épaules, jusqu'à vos mains et le bout de vos doigts.
- Prenez conscience à présent que vos membres supérieurs sont détendus et relâchés.
- Portez attention à votre dos.
- Relâchez les muscles tout le long de votre colonne vertébrale, du haut jusqu'en bas.
- Prenez conscience à présent que votre dos est détendu et relâché.
- Respirez profondément et calmement.
- Percevez les mouvements de votre cage thoracique à chaque respiration.
- Relâchez votre ventre.
- Percevez les mouvements de votre ventre à chaque respiration.
- Prenez conscience à présent que votre buste est détendu et relâché.
- Relâchez les muscles de vos cuisses, vos genoux, vos mollets, vos chevilles, vos pieds jusqu'au bout de vos orteils.
- Prenez conscience à présent que vos membres inférieurs sont détendus et relâchés.
- Maintenant, prenez conscience que tout votre corps est détendu et relâché.

Étape 3 : imaginez…
Être un arbre bien enraciné dans le sol.

- Imaginez sa forme, sa taille par une belle journée de printemps.
- Observez sa vitalité.

- Il émane une odeur agréable de ces fleurs où les abeilles butinent.
- Les oiseaux sont perchés sur ces branches. La vie se fait sentir dans cet arbre...
- Le temps passe. Le soleil décroît et bientôt arrive l'automne.
- Les feuilles de cet arbre changent de couleur.
- Du vert éclatant, on arrive bientôt au rouge orangé, aux couleurs ambrées de l'automne. Pourtant, l'arbre est toujours là, bien à sa place...
- Arrive ensuite l'hiver, l'arbre commence peu à peu à se dénuder.
- Il perd ses premières feuilles emportées par le vent qui passe dans ses branches sans les casser.
- Il est toujours en place, vous admirez sa structure, sa forme, ses branches nues recouvertes de l'écorce qui les protège.
- Les racines de l'arbre lui permettent de puiser dans le sol les ressources dont il a besoin pour affronter l'hiver.
- Malgré le froid, il se régénère et grandit un peu plus.
- L'hiver tire à sa fin, les premiers rayons chauds du printemps arrivent avec les premiers bourgeons.
- L'arbre sent la sève remonter en lui : il gagne en volume, en force, en solidité...
- On voit renaître de magnifiques feuilles sur ses branches.
- L'énergie et la vie reprennent le dessus et ce, malgré les changements extérieurs.
- Vous êtes comme cet arbre, capable de faire face aux intempéries, aux changements climatiques et de faire de ces aléas, une force.

© InterEditions – La photocopie non autorisée est un délit

- Vous vous sentez plus solide, enrichi(e) par les expériences de la vie.
- Imprégnez-vous de ces sensations positives.

Étape 4 : retrouvez votre environnement.

- Reprenez contact avec les points d'appui de votre corps.
- Prenez conscience des bruits extérieurs.
- Inspirez profondément pour vous dynamiser.
- Bougez légèrement vos mains, vos pieds.
- Étirez-vous.
- Lorsque vous vous sentirez prêt(e), ouvrez les yeux.

Notre conseil : profitez de cet instant de calme où l'énergie s'est installée en vous pour faire remonter à la surface un mot, une valeur qui représenterait pour vous cette force, cette solidité. Et pensez-y chaque fois que le besoin s'en fait sentir.

> À RETENIR
>
> Les imprévus peuvent aussi être un piment pour le quotidien. Ils nous rendent plus forts car ils permettent de dépasser nos limites et de nous enrichir en les acceptant.

AU TRAVAIL

Bruno : « J'ai du mal à travailler en équipe, à communiquer mes idées »

Plutôt dans l'introversion et plongé dans ses pensées, Bruno n'est pas attiré par le travail en équipe car il se sent souvent en difficulté lorsqu'il faut communiquer sur son travail. Peu enclin à donner son avis, il préfère attendre qu'on le lui demande avant de se prononcer. Les débats l'incommodent et cela a comme conséquence de le rendre parfois transparent en réunion. Malheureusement, cette attitude le limite dans sa progression professionnelle. Sortir de son introversion pourrait l'aider à développer son potentiel...

SOPHRO EXPRESS (EXERCICE D'URGENCE) : « Le cri libérateur »

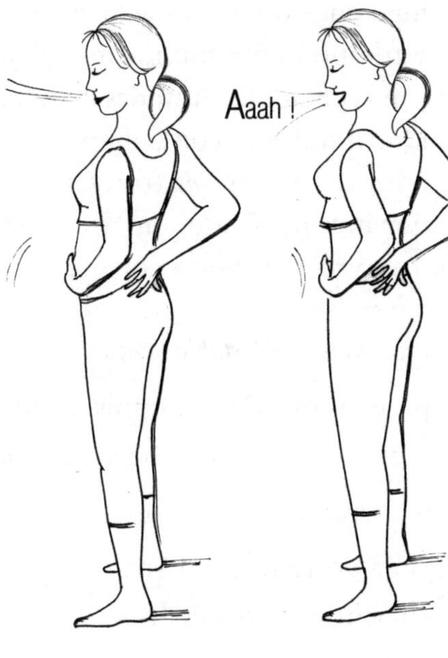

- **Objectifs :** s'extérioriser. S'affirmer. Prendre sa place.
- **Méthode :** debout, les pieds bien à plat et la tête droite, posez une main sur le ventre et l'autre sur les lombaires. Inspirez en gonflant le ventre et poussez un cri en expirant... Le son doit sortir du ventre et non de la gorge. C'est l'expulsion de votre souffle qui amène le cri. Prenez conscience de la puissance du souffle, de la capacité d'expression qu'il vous octroie.

© InterEditions – La photocopie non autorisée est un délit

- **Notre conseil :** réalisez l'exercice avec une autre personne en jeu de miroir. Placez-vous face à face et répondez au cri avec la même intensité. Faites varier les intensités.

SOPHRO RELAX (EXERCICE DE FOND) :
« Je révèle mon côté communiquant »

Objectifs : prendre conscience que l'art de s'exprimer à l'oral est une compétence qui peut s'acquérir et se travailler. Vous êtes peut-être un(e) communiquant(e) qui s'ignore ! En identifiant et en repérant les attitudes et comportements d'un(e) communiquant(e) que vous admirez, vous pourrez vous entraîner à les reproduire et trouver ainsi l'attitude juste. S'approprier une méthode, en faire une démarche intellectuelle et la vivre dans votre corps...

Méthode :

Étape 1 : installez-vous confortablement.

- Observez l'espace autour de vous puis fermez les yeux.
- Mettez-vous à présent à l'écoute de votre corps.

Étape 2 : détendez-vous.

- Portez attention à votre tête, à votre visage.
- Desserrez vos mâchoires, vos dents.
- Prenez conscience à présent que votre visage est détendu et relâché.
- Laissez la détente envahir votre nuque, vos trapèzes, vos épaules, jusqu'à vos mains et le bout de vos doigts.
- Prenez conscience à présent que vos membres supérieurs sont détendus et relâchés.
- Portez attention à votre dos.
- Relâchez les muscles tout le long de votre colonne vertébrale, du haut jusqu'en bas.

- Prenez conscience à présent que votre dos est détendu et relâché.
- Respirez profondément et calmement.
- Percevez les mouvements de votre cage thoracique à chaque respiration.
- Relâchez votre ventre.
- Percevez les mouvements de votre ventre à chaque respiration.
- Prenez conscience à présent que votre buste est détendu et relâché.
- Relâchez les muscles de vos cuisses, vos genoux, vos mollets, vos chevilles, vos pieds jusqu'au bout de vos orteils.
- Prenez conscience à présent que vos membres inférieurs sont détendus et relâchés.
- Maintenant, prenez conscience que tout votre corps est détendu et relâché.

Étape 3 : imaginez...

L'image de quelqu'un que vous admirez pour ses talents d'orateur.

- Observez ses attitudes, ses gestes, sa façon de poser sa voix, les expressions de son visage.
- Prenez le temps de revivre ce souvenir.
- Projetez-vous maintenant à sa place.
- Vous entrez dans son corps et ressentez tout ce qu'il ressent : rythme cardiaque, chaleur, émotions...
- Vous sentez aussi l'aisance et l'assurance qui vous envahit.
- Votre élocution est parfaite, le timbre de votre voix est juste et posé. Écoutez-vous parler.
- À présent, observez-vous.

© InterEditions – La photocopie non autorisée est un délit

- Imaginez que vous vous trouvez dans la salle et que vous regardez cet orateur.
- Portez un regard extérieur sur votre prestation.
- Observez votre gestuelle, l'expression bienveillante de votre visage...
- Admirez votre aisance.
- Ressentez la fierté vous envahir.
- Pour vous imprégner de cette sensation agréable, inspirez en gonflant votre ventre, bloquez votre respiration, puis expirez doucement en sentant la fierté se diffuser dans tout votre corps.
- Imprégnez-vous de ces sensations positives.

Étape 4 : retrouvez votre environnement.

- Reprenez contact avec les points d'appui de votre corps.
- Prenez conscience des bruits extérieurs.
- Inspirez profondément pour vous dynamiser.
- Bougez légèrement vos mains, vos pieds.
- Étirez-vous.
- Lorsque vous vous sentirez prêt(e), ouvrez les yeux.

Notre conseil : pour prolonger ce moment de détente, au travail, autour de la machine à café, en réunion ou dans tout autre contexte, forcez-vous à affirmer une opinion par jour.

À RETENIR

Faire « comme si », imiter, faire vivre des sensations à son corps à travers un exemple extérieur, contribue à développer ses propres capacités en la matière.

Laure : « Je vis mal l'urgence, j'ai besoin de temps »

Pour travailler, Laure a besoin de temps et d'espace. Elle déteste la précipitation et, avant de prendre une décision, elle a besoin d'envisager plusieurs possibilités pour être sûre de prendre la bonne décision. Or, cette façon de fonctionner la place souvent en décalage par rapport à une vie moderne où les délais de production sont de plus en plus courts et où l'on demande à chacun d'être réactif et performant. Comment ne pas la laisser être doublée en permanence ?

Sophro Express (exercice d'urgence) : « La respiration apaisante »

© InterEditions – La photocopie non autorisée est un délit

- **Objectifs :** faire une pause. Calmer le rythme. Mettre de la distance entre soi et les injonctions extérieures.
- **Méthode :** assis(e), le dos bien droit, inspirez en comptant 3 temps dans votre tête. Bloquez votre respiration poumons pleins pendant 2 temps. Puis, soufflez sur 6 temps. Enfin, bloquez votre respiration poumons vides en comptant 2 temps. Répétez l'exercice trois fois de suite. Prenez conscience du retour au calme obtenu et de la concentration retrouvée.
- **Notre conseil :** reproduisez cet exercice dès que la pression monte et qu'il vous faut prendre une décision ou donner une réponse rapidement.

SOPHRO RELAX (EXERCICE DE FOND) : « J'agis vite »

Objectifs : redonner de la valeur à la spontanéité. Vous êtes convaincu(e) de ne pas être pertinent(e) ou efficace dans l'urgence ? Ce n'est pas forcément vrai ! Agir vite peut aussi être synonyme de « bien faire ». Faire confiance à son intuition peut être une force. Comment développer une certaine spontanéité dans le passage à l'acte et avoir confiance en sa capacité à prendre des décisions rapides ?

Méthode :

Étape 1 : installez-vous confortablement.

- Observez l'espace autour de vous puis fermez les yeux.
- Mettez-vous à présent à l'écoute de votre corps.

Étape 2 : détendez-vous.

- Portez attention à votre tête, à votre visage.
- Desserrez vos mâchoires, vos dents.
- Prenez conscience à présent que votre visage est détendu et relâché.

- Laissez la détente envahir votre nuque, vos trapèzes, vos épaules, jusqu'à vos mains et le bout de vos doigts.
- Prenez conscience à présent que vos membres supérieurs sont détendus et relâchés.
- Portez attention à votre dos.
- Relâchez les muscles tout le long de votre colonne vertébrale, du haut jusqu'en bas.
- Prenez conscience à présent que votre dos est détendu et relâché.
- Respirez profondément et calmement.
- Percevez les mouvements de votre cage thoracique à chaque respiration.
- Relâchez votre ventre.
- Percevez les mouvements de votre ventre à chaque respiration.
- Prenez conscience à présent que votre buste est détendu et relâché.
- Relâchez les muscles de vos cuisses, vos genoux, vos mollets, vos chevilles, vos pieds jusqu'au bout de vos orteils.
- Prenez conscience à présent que vos membres inférieurs sont détendus et relâchés.
- Maintenant, prenez conscience que tout votre corps est détendu et relâché.

Étape 3 : imaginez...
Vous êtes près d'un point d'eau en pleine nature.

- Observez tout ce qui vous entoure.
- Contemplez les couleurs de la végétation.
- Écoutez les bruits de la nature, le chant des oiseaux.
- Imaginez maintenant des animaux venant se désaltérer.

© InterEditions – La photocopie non autorisée est un délit

- Vous croisez le regard de l'un d'entre eux.
- Vous restez immobile pour ne pas l'effrayer et le laisser s'habituer à votre présence.
- Il se dirige à présent vers vous.
- Admirez sa beauté, son allure.
- Caressez-le délicatement. Sentez la chaleur de sa fourrure, les battements de son cœur.
- Imaginez maintenant cet animal vous délivrer le message : « fais-toi confiance, agis sans penser ».
- Imaginez-vous à présent dans votre quotidien, agir instinctivement et confiant.
- Accueillez les sensations de bien-être et de satisfaction que cela vous procure.
- Imprégnez-vous de ces sensations positives.

Étape 4 : retrouvez votre environnement.

- Reprenez contact avec les points d'appui de votre corps.
- Prenez conscience des bruits extérieurs.
- Inspirez profondément pour vous dynamiser.
- Bougez légèrement vos mains, vos pieds.
- Étirez-vous.
- Lorsque vous vous sentirez prêt(e), ouvrez les yeux.

Notre conseil : pour prolonger ce moment de détente, travaillez avec une montre afin de délimiter votre temps de réflexion et agir plus spontanément.

> À RETENIR
>
> **Avoir peu de temps peut également permettre de gagner en efficacité !**

Paul : « Je réfléchis beaucoup et j'ai du mal à passer à l'action »

On lui reproche souvent de rester « dans le mental » et de ne pas passer suffisamment à l'action : d'une analyse à l'autre son esprit s'emballe... Du coup, lorsqu'il s'agit de valider une note, de passer à la mise en œuvre d'un projet ou de revoir une copie, le temps passe et Paul n'arrive pas à mettre de point final à son travail. Telle une dissertation qui resterait sans conclusion, ses réalisations ont un goût d'inachevé. Or, un travail abouti n'est pas uniquement déstabilisant et source de « fin », il peut aussi ancrer dans le présent et renforcer le sentiment d'exister.

SOPHRO EXPRESS (EXERCICE D'URGENCE) :
« La marche virtuelle »

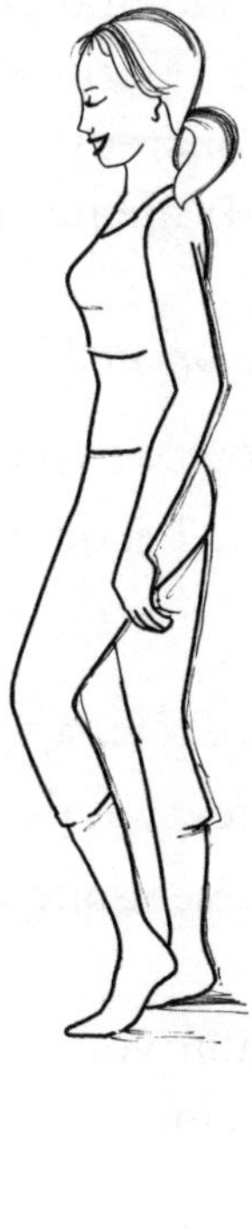

© InterEditions – La photocopie non autorisée est un délit

- **Objectifs :** sentir son corps en mouvement. Prendre conscience de ses appuis. Passer à l'action.
- **Méthode :** debout, respirez librement. Marchez sur place en décollant légèrement les pieds. Amplifiez progressivement le mouvement en montant les genoux. Puis, revenez en appui sur les deux jambes. Répétez l'exercice trois fois. Prenez conscience du mouvement et de votre capacité à être mobile.
- **Notre conseil :** réalisez l'exercice en marchant vraiment, en vous déplaçant. À la fin, arrêtez-vous, retournez-vous et regardez le chemin parcouru.

SOPHRO RELAX (EXERCICE DE FOND) :
« Je saisis une opportunité au vol »

Objectifs : se rendre compte qu'après un temps de réflexion nécessaire, il peut y avoir du plaisir et de la satisfaction à passer à l'action. Toute la satisfaction vient de là... Sans action, il n'y a pas de concrétisation. Car rêver sa vie et vivre sa vie, ce n'est pas la même chose !

Méthode :

Étape 1 : installez-vous confortablement.

- Observez l'espace autour de vous puis fermez les yeux.
- Mettez-vous à présent à l'écoute de votre corps.

Étape 2 : détendez-vous.

- Portez attention à votre tête, à votre visage.
- Desserrez vos mâchoires, vos dents.
- Prenez conscience à présent que votre visage est détendu et relâché.
- Laissez la détente envahir votre nuque, vos trapèzes, vos épaules, jusqu'à vos mains et le bout de vos doigts.

- Prenez conscience à présent que vos membres supérieurs sont détendus et relâchés.
- Portez attention à votre dos.
- Relâchez les muscles tout le long de votre colonne vertébrale, du haut jusqu'en bas.
- Prenez conscience à présent que votre dos est détendu et relâché.
- Respirez profondément et calmement.
- Percevez les mouvements de votre cage thoracique à chaque respiration.
- Relâchez votre ventre.
- Percevez les mouvements de votre ventre à chaque respiration.
- Prenez conscience à présent que votre buste est détendu et relâché.
- Relâchez les muscles de vos cuisses, vos genoux, vos mollets, vos chevilles, vos pieds jusqu'au bout de vos orteils.
- Prenez conscience à présent que vos membres inférieurs sont détendus et relâchés.
- Maintenant, prenez conscience que tout votre corps est détendu et relâché.

Étape 3 : imaginez...

Vous êtes à la terrasse d'un café, installé(e) au calme pour déjeuner.

- Devant vous passent des collègues de travail et ils vous proposent naturellement de venir participer à leur déjeuner.
- Vous ne vous posez pas de question : pour une fois, vous dites oui spontanément !

© InterEditions – La photocopie non autorisée est un délit

- C'est votre première terrasse de l'année et vous vous réjouissez, dans le fond, de partager ce moment avec eux.
- Vous savourez ce moment.
- Vous êtes satisfait(e) de vous être laissé(e) porter par l'unique envie d'y aller sans réfléchir.
- Vous vous sentez léger(e), libéré(e) de tout questionnement et n'écoutez que votre plaisir, votre désir.
- Vous vous voyez rire, bouger, échanger avec eux...
- Imprégnez-vous de ces sensations positives.

Étape 4 : retrouvez votre environnement.

- Reprenez contact avec les points d'appui de votre corps.
- Prenez conscience des bruits extérieurs.
- Inspirez profondément pour vous dynamiser.
- Bougez légèrement vos mains, vos pieds.
- Étirez-vous.
- Lorsque vous vous sentirez prêt(e), ouvrez les yeux.

Notre conseil : pour prolonger ce moment de détente, mettez-vous à l'écoute, dans votre quotidien, des moindres propositions que les gens vous tendent et passez à l'action le plus souvent possible.

> À RETENIR
>
> La spontanéité est un trait de caractère qui se cultive et permet parfois de se reconnecter à ses envies.

Sophie : « J'ai besoin de calme pour travailler »

L'entreprise de Sophie a déménagé car elle s'est agrandie. Elle se délocalise et la réorganisation des bureaux ne lui permet pas de pouvoir avoir un espace fermé dans lequel s'isoler. C'est une contrainte qu'elle redoutait et qui la met dans l'embarras car elle a beaucoup de difficultés à travailler et à se concentrer lorsqu'il y a du bruit autour d'elle. Ces efforts quotidiens de concentration la fatiguent et vont même jusqu'à l'épuiser. Comment parer à cela ?

SOPHRO EXPRESS (EXERCICE D'URGENCE) :
« La bulle »

- **Objectifs :** s'isoler. Retrouver la concentration. Délimiter son espace.
- **Méthode :** debout, les pieds bien à plat, inspirez en levant les bras jusqu'au ciel. Expirez en les ramenant le

© InterEditions – La photocopie non autorisée est un délit

long du corps par les côtés. Effectuez le mouvement en continu tout en dessinant votre espace du bout des doigts afin de se recréer une bulle de bien-être. Répétez l'exercice trois fois. Prenez conscience de l'état de concentration que vous avez su recréer.

- **Notre conseil :** au bureau, même en open-space, vous pouvez marquer votre espace en le délimitant par des objets personnels, des plantes vertes, des affiches décoratives, etc.

SOPHRO RELAX (EXERCICE DE FOND) :
« Je recrée mon espace »

Objectifs : retrouver les sensations de calme que peuvent vous offrir un lieu privilégié où vous auriez l'habitude de vous rendre pour méditer. Cela peut être un lieu imaginaire ou bien un lieu réel, du moment qu'il soit source de calme, de sérénité. Il peut être lié à une couleur qui évoque pour vous le calme : le bleu de l'océan, le vert d'une prairie, etc.

Méthode :

Étape 1 : installez-vous confortablement.

- Observez l'espace autour de vous puis fermez les yeux.
- Mettez-vous à présent à l'écoute de votre corps.

Étape 2 : détendez-vous.

- Portez attention à votre tête, à votre visage.
- Desserrez vos mâchoires, vos dents.
- Prenez conscience à présent que votre visage est détendu et relâché.
- Laissez la détente envahir votre nuque, vos trapèzes, vos épaules, jusqu'à vos mains et le bout de vos doigts.
- Prenez conscience à présent que vos membres supérieurs sont détendus et relâchés.

- Portez attention à votre dos.
- Relâchez les muscles tout le long de votre colonne vertébrale, du haut jusqu'en bas.
- Prenez conscience à présent que votre dos est détendu et relâché.
- Respirez profondément et calmement.
- Percevez les mouvements de votre cage thoracique à chaque respiration.
- Relâchez votre ventre.
- Percevez les mouvements de votre ventre à chaque respiration.
- Prenez conscience à présent que votre buste est détendu et relâché.
- Relâchez les muscles de vos cuisses, vos genoux, vos mollets, vos chevilles, vos pieds jusqu'au bout de vos orteils.
- Prenez conscience à présent que vos membres inférieurs sont détendus et relâchés.
- Maintenant, prenez conscience que tout votre corps est détendu et relâché.

Étape 3 : imaginez...

Un jardin, un coin de nature ou un lieu d'enfance cher à votre cœur.

- Cherchez dans vos souvenirs un lieu calme et paisible.
- Prenez le temps de détailler cette image.
- Observez les couleurs, les nuances de lumière.
- Percevez le parfum des fleurs, les odeurs familières de cet endroit.

© InterEditions – La photocopie non autorisée est un délit

- Écoutez les bruits de cet environnement : le chant des oiseaux, le bruissement léger des feuilles dans les arbres, le clapotis de l'eau.
- Ressentez la douce chaleur du soleil sur votre visage.
- Rappelez-vous ce bon souvenir, percevez les sensations agréables qu'il vous procure.
- Vous appréciez les sensations de calme et de sérénité qui émanent de ce lieu.
- Vous identifiez à présent un sentiment de quiétude parcourir votre corps.
- Imprégnez-vous de ces sensations positives.
- Prenez conscience de l'état de concentration que vous avez su recréer.

Étape 4 : retrouvez votre environnement.

- Reprenez contact avec les points d'appui de votre corps.
- Prenez conscience des bruits extérieurs.
- Inspirez profondément pour vous dynamiser.
- Bougez légèrement vos mains, vos pieds.
- Étirez-vous.
- Lorsque vous vous sentirez prêt(e), ouvrez les yeux.

Notre conseil : pour prolonger ce moment de détente, stimulez votre mémoire olfactive avec quelques gouttes d'huiles essentielles, un pot-pourri ou une bougie parfumée posés sur votre bureau. Vous pourrez ainsi retrouver l'atmosphère d'un lieu apaisant pour vous.

À RETENIR

La capacité à retrouver le calme intérieur et la concentration est en chacun de nous. Faire appel à sa mémoire sensorielle (son, image, odeur, etc.) est le moyen de recontacter cette capacité.

7

SI VOS MOTEURS SONT VOS VALEURS ET VOS COMPÉTENCES...

UN GOÛT CERTAIN POUR L'ORGANISATION ET LA RÉALISATION DE VOS MISSIONS sont vos priorités en cette période de construction, tant sur le plan professionnel que personnel. Pas question de déroger aux règles que vous vous êtes fixé pour cela... Le revers de la médaille ? Quelques situations peu agréables peuvent se présenter à vous.

Dans la vie privée :

- Hélène : « J'ai du mal à faire confiance. »
- Louis : « Je n'arrive pas à partager mes émotions. »
- Marina : « Je suis très exigeante avec mes enfants. »
- Patricia : « Je ne supporte pas le désordre. »

Au travail :

- Bertrand : « Ma conscience professionnelle me fait parfois perdre le sommeil. »

- Jean : « Perfectionniste, je ne suis jamais satisfait du travail accompli. »
- Frédérique : « Quand les règles ne sont pas respectées, je me mets en colère. »
- Guillaume : « Dans le stress d'une réunion, je ne sais plus être clair et concis. »

DANS LA VIE PRIVÉE

Hélène : « J'ai du mal à faire confiance »

Dans le contrôle permanent, laisser ses enfants à une nourrice constitue pour Hélène un exploit. Et quand elle franchit le pas, elle a tendance, malgré elle, à téléphoner toutes les heures pour savoir si tout va bien. Quant à laisser les clés de chez elle à une femme de ménage ou aux ouvriers ? Impossible ! Si quelqu'un doit travailler dans sa maison, c'est sous son contrôle... De manière générale, elle a du mal à lâcher prise. Or, pour entrer en relation avec l'autre et investir un minimum de confiance dans ce lien, cela est nécessaire.

SOPHRO EXPRESS (EXERCICE D'URGENCE) :
« Se laisser aller »

- **Objectifs :** libérer ses appréhensions. Évacuer les tensions négatives. Favoriser le lâcher prise.
- **Méthode :** debout, inspirez et soufflez en vidant complètement les poumons tout en fléchissant légèrement les jambes et en posant les mains sur les genoux. Bloquez votre respiration un instant les poumons vides et faites des mouvements de « va et vient » avec l'abdomen. Inspirez

en vous redressant. Répétez l'exercice trois fois. Prenez conscience de votre capacité à lâcher prise.

- **Notre conseil :** régulièrement, entraînez-vous à faire, avec vos mains, le geste qui caractérise l'action de lâcher quelque chose.

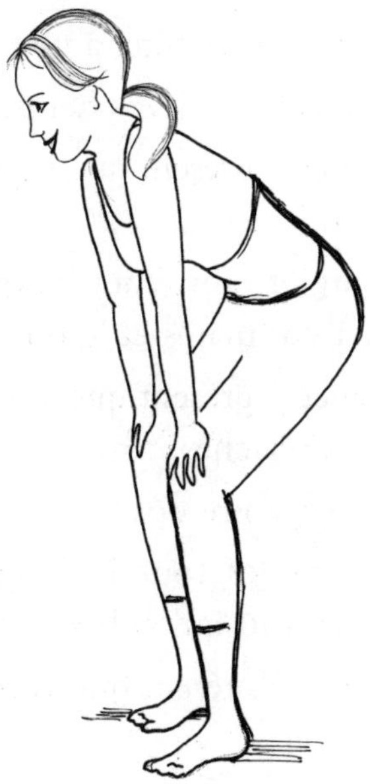

SOPHRO RELAX (EXERCICE DE FOND) :
« Je fais un voyage en montgolfière »

Objectifs : se libérer de ses peurs et de tout ce qui peut entraver le lâcher prise, en lâchant du lest. Une fois cette première étape réussie, il suffit de se laisser porter. Ce qui ne veut pas forcément dire « foncer dans le mur ! ». Au contraire, perdre le contrôle de la situation peut parfois vous emmener dans un voyage extraordinaire et inattendu.

© InterEditions – La photocopie non autorisée est un délit

Méthode :

Étape 1 : installez-vous confortablement.

- Observez l'espace autour de vous puis fermez les yeux.
- Mettez-vous à présent à l'écoute de votre corps.

Étape 2 : détendez-vous.

- Portez attention à votre tête, à votre visage.
- Desserrez vos mâchoires, vos dents.
- Prenez conscience à présent que votre visage est détendu et relâché.
- Laissez la détente envahir votre nuque, vos trapèzes, vos épaules, jusqu'à vos mains et le bout de vos doigts.
- Prenez conscience à présent que vos membres supérieurs sont détendus et relâchés.
- Portez attention à votre dos.
- Relâchez les muscles tout le long de votre colonne vertébrale, du haut jusqu'en bas.
- Prenez conscience à présent que votre dos est détendu et relâché.
- Respirez profondément et calmement.
- Percevez les mouvements de votre cage thoracique à chaque respiration.
- Relâchez votre ventre.
- Percevez les mouvements de votre ventre à chaque respiration.
- Prenez conscience à présent que votre buste est détendu et relâché.
- Relâchez les muscles de vos cuisses, vos genoux, vos mollets, vos chevilles, vos pieds jusqu'au bout de vos orteils.

- Prenez conscience à présent que vos membres inférieurs sont détendus et relâchés.
- Maintenant, prenez conscience que tout votre corps est détendu et relâché.

Étape 3 : imaginez...
Vous êtes à bord d'une montgolfière...

- Quelque peu habité(e) par le doute, votre état d'esprit de départ n'est pas placé sous le signe de la confiance.
- Vous vous demandez comment va être le voyage, si cela vaut le coup d'y aller.
- Vous passez à présent le cap du doute et arrivez finalement à vous laisser aller à l'idée de ce voyage.
- Vous décidez même d'en profiter et de vous délester de tout ce qui vous pèse en ce moment.
- Remplissez les sacs de lest de vos inquiétudes, vos interrogations et vos peurs et lâchez-les afin de permettre à la montgolfière de s'envoler.
- Imaginez la prendre tout doucement son envol, de la hauteur...
- Porté(e) par les vents, vous vous laissez aller.
- Autour de vous, tout n'est que légèreté et vous appréciez pleinement le paysage.
- Vous sentez le vent léger sur vos joues et la chaleur du soleil vous réchauffe.
- Subtilement, la montgolfière vous amène dans un lieu d'une beauté insoupçonnée.
- Puis, elle commence à descendre, doucement.
- Elle vous dépose dans cet endroit superbe que vous découvrez avec plaisir.
- Vous vous y sentez à l'aise et détendu(e).

© InterEditions – La photocopie non autorisée est un délit

- Vous savourez...
- Imprégnez-vous de ces sensations positives.

Étape 4 : retrouvez votre environnement.

- Reprenez contact avec les points d'appui de votre corps.
- Prenez conscience des bruits extérieurs.
- Inspirez profondément pour vous dynamiser.
- Bougez légèrement vos mains, vos pieds.
- Étirez-vous.
- Lorsque vous vous sentirez prêt(e), ouvrez les yeux.

Notre conseil : pour prolonger ce moment de détente, entraînez-vous à faire confiance avec des enjeux mineurs. Commencez par laisser vos clés à des amis proches puis confiez vos enfants pour des petites périodes de garde.

À RETENIR

La découverte ou l'effet de surprise sont accessibles par le lâcher prise. L'instabilité qu'ils procurent peut aussi aboutir à quelque chose de positif.

Louis : « Je n'arrive pas à partager mes émotions »

Dans son couple et sa vie de famille, le rôle de Louis est à ses yeux bien déterminé : il est père, maître de maison, chef de famille... Une mission qui nécessite de l'ordre et une certaine constance que les émotions pourraient venir perturber. Avec sa partenaire, la notion d' « équipe » constitue le garant d'un certain équilibre même si parfois elle peut se sentir lésée. En effet, Louis a du mal à se laisser aller à ses émotions et à les partager...

Sophro Express (exercice d'urgence) :
« Le soufflet thoracique »

- **Objectifs :** sentir l'ouverture en soi. Accueillir l'émotion. Partager l'émotion en la faisant sortir de soi.
- **Méthode :** debout, posez les mains sur les côtes pour mieux percevoir le mouvement respiratoire. Inspirez en ouvrant la cage thoracique et soufflez en laissant les côtes redescendre. Répétez l'exercice trois fois. Prenez conscience de ce sentiment d'ouverture.
- **Notre conseil :** afin de visualiser cette ouverture, imaginez de la lumière sortant de votre sternum.

Sophro Relax (exercice de fond) :
« Je relativise l'émoi »

Objectifs : apprendre à exprimer ses émotions en relativisant l'émoi qu'elles peuvent susciter. Ainsi, en s'entraînant à raconter une situation émotionnelle forte, on se rend compte qu'exprimer une émotion n'est pas quelque chose de catastrophique et que cela permet au contraire de

© InterEditions – La photocopie non autorisée est un délit

mieux la gérer. Et ce, même si sur le moment, vous avez l'impression de perdre le contrôle de vous-même...

Méthode :

Étape 1 : installez-vous confortablement.

- Observez l'espace autour de vous puis fermez les yeux.
- Mettez-vous à présent à l'écoute de votre corps.
- *Étape 2 : détendez-vous.*
- Portez attention à votre tête, à votre visage.
- Desserrez vos mâchoires, vos dents.
- Prenez conscience à présent que votre visage est détendu et relâché.
- Laissez la détente envahir votre nuque, vos trapèzes, vos épaules, jusqu'à vos mains et le bout de vos doigts.
- Prenez conscience à présent que vos membres supérieurs sont détendus et relâchés.
- Portez attention à votre dos.
- Relâchez les muscles tout le long de votre colonne vertébrale, du haut jusqu'en bas.
- Prenez conscience à présent que votre dos est détendu et relâché.
- Respirez profondément et calmement.
- Percevez les mouvements de votre cage thoracique à chaque respiration.
- Relâchez votre ventre.
- Percevez les mouvements de votre ventre à chaque respiration.
- Prenez conscience à présent que votre buste est détendu et relâché.

- Relâchez les muscles de vos cuisses, vos genoux, vos mollets, vos chevilles, vos pieds jusqu'au bout de vos orteils.
- Prenez conscience à présent que vos membres inférieurs sont détendus et relâchés.
- Maintenant, prenez conscience que tout votre corps est détendu et relâché.

Étape 3 : imaginez...
Vous êtes en présence d'un ami.

- Vous vous voyez en train de lui raconter une situation dans laquelle vous n'avez pas pu cacher votre émotion.
- Peut-être le jour où votre conjoint vous a offert le cadeau dont vous rêviez depuis des années.
- Vous racontez à votre ami le moment de « flou », de flottement, dans lequel vous vous êtes trouvé(e).
- Vous expliquez comment l'émotion est montée en vous, ce que vous avez ressenti.
- Vous étiez ému(e), touché(e), heureux(se) ou encore surpris(e).
- Passez en revue tous les détails de cet événement.
- Puis, vous lui racontez comment, en vous autorisant à exprimer cette émotion, vous avez pu la partager avec l'autre et combien cela vous a fait du bien.
- Ressentez le soulagement et la liberté que cela vous a apportés.
- Imprégnez-vous de ces sensations positives.

Étape 4 : retrouvez votre environnement.

- Reprenez contact avec les points d'appui de votre corps.
- Prenez conscience des bruits extérieurs.
- Inspirez profondément pour vous dynamiser.

© InterEditions – La photocopie non autorisée est un délit

- Bougez légèrement vos mains, vos pieds.
- Étirez-vous.
- Lorsque vous vous sentirez prêt(e), ouvrez les yeux.

Notre conseil : pour prolonger ce moment de détente, dès que vous le pouvez, parlez de vos émotions : cela vous permettra de les revivre et de les partager ainsi avec autrui si vous n'avez pas réussi à le faire sur le moment.

> À RETENIR
> Exprimez vos émotions vous permet de créer du lien avec les autres et leur donne aussi l'occasion de vous apprécier pour votre sensibilité et votre cœur.

Marina : « Je suis très exigeante avec mes enfants »

L'éducation de ses enfants est quelque chose d'important pour Marina. Elle met un point d'honneur à réussir cette mission et y parvient plutôt bien car elle est souvent complimentée à ce sujet. Elle fait preuve d'exigence envers eux au risque de faire prédominer dans leur relation la rigueur et le respect des valeurs. Elle accorde peu de place à la fantaisie et à la légèreté. Trop étriquée dans sa « mission » d'éducatrice, elle aimerait faire émerger la souplesse qui est en elle.

SOPHRO EXPRESS (EXERCICE D'URGENCE) : « La poupée de chiffon »

- **Objectifs :** retrouver de la souplesse. Apprécier le mouvement de son corps. Gagner en fluidité.
- **Méthode :** debout, les pieds ancrés au sol, relâchez la partie supérieure de votre corps. Imaginez vos membres supérieurs souples comme ceux d'une poupée de chiffon,

puis, sautez de façon désarticulée comme un pantin. Prenez conscience de votre souplesse retrouvée.

- **Notre conseil :** réalisez cet exercice en famille avec vos enfants afin de partager des moments ludiques avec eux.

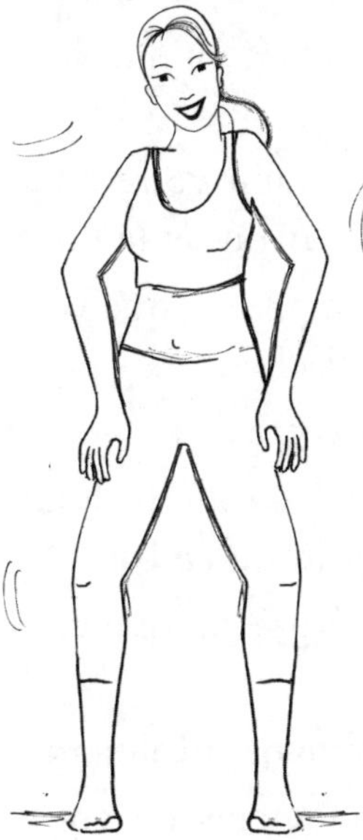

SOPHRO RELAX (EXERCICE DE FOND) :
« Je relativise mes exigences »

Objectifs : faire émerger et ancrer les valeurs auxquelles vous êtes attaché(e) pour vos enfants et prendre conscience du chemin parcouru depuis leur naissance. Constater les résultats positifs de votre éducation. Se rappeler le passé pour permettre de mieux comprendre le présent et d'envisager l'avenir plus sereinement et ainsi d'abaisser ses exigences.

Méthode :

Étape 1 : installez-vous confortablement.

- Observez l'espace autour de vous puis fermez les yeux.

© InterEditions – La photocopie non autorisée est un délit

- Mettez-vous à présent à l'écoute de votre corps.

Étape 2 : détendez-vous.

- Portez attention à votre tête, à votre visage.
- Desserrez vos mâchoires, vos dents.
- Prenez conscience à présent que votre visage est détendu et relâché.
- Laissez la détente envahir votre nuque, vos trapèzes, vos épaules, jusqu'à vos mains et le bout de vos doigts.
- Prenez conscience à présent que vos membres supérieurs sont détendus et relâchés.
- Portez attention à votre dos.
- Relâchez les muscles tout le long de votre colonne vertébrale, du haut jusqu'en bas.
- Prenez conscience à présent que votre dos est détendu et relâché.
- Respirez profondément et calmement.
- Percevez les mouvements de votre cage thoracique à chaque respiration.
- Relâchez votre ventre.
- Percevez les mouvements de votre ventre à chaque respiration.
- Prenez conscience à présent que votre buste est détendu et relâché.
- Relâchez les muscles de vos cuisses, vos genoux, vos mollets, vos chevilles, vos pieds jusqu'au bout de vos orteils.
- Prenez conscience à présent que vos membres inférieurs sont détendus et relâchés.
- Maintenant, prenez conscience que tout votre corps est détendu et relâché.

Étape 3 : imaginez...
Vos enfants.

- Observez leur visage, leur sourire, leurs mimiques.
- Prêtez attention à leurs rires, leurs expressions favorites, leur joie de vivre, leurs coups de cœur, leurs coups de « gueule ».
- Rappelez-vous des moments importants partagés avec eux, des souvenirs heureux.
- Remontez maintenant quelques années en arrière : au moment de leur naissance.
- Énumérez les valeurs que représentait cette nouvelle vie pour vous.
- Qu'imaginiez-vous être important pour eux : la politesse, le respect de l'autre, la ponctualité, la persévérance...
- Relevez les valeurs qui vous semblaient essentielles.
- Prenez conscience de ces valeurs.
- Revenez maintenant dans l'instant présent afin de regarder ce que sont devenus vos enfants aujourd'hui.
- Vous les trouvez peut-être responsables, respectueux, consciencieux, etc.
- Vous trouvez que ces valeurs sont de réelles qualités et qu'elles constituent les bases de votre éducation.
- Vous voyez que les fondations sont là, vous vous accordez donc le droit de lâcher prise et leur laisser un peu d'espace pour s'exprimer.
- Enfin, projetez-vous dans quelques années.
- Ils sont à présent adultes.
- Ils sont un mélange de l'éducation que vous leur avez donnée et de leur propre personnalité.

© InterEditions – La photocopie non autorisée est un délit

- Vous vous réjouissez de ce résultat positif et êtes très fière d'eux...
- Imprégnez-vous de ces sensations positives.

Étape 4 : retrouvez votre environnement.

- Reprenez contact avec les points d'appui de votre corps.
- Prenez conscience des bruits extérieurs.
- Inspirez profondément pour vous dynamiser.
- Bougez légèrement vos mains, vos pieds.
- Étirez-vous.
- Lorsque vous vous sentirez prêt(e), ouvrez les yeux.

Notre conseil : pour prolonger ce moment de détente, proposez régulièrement des espaces de paroles et d'échanges à vos enfants dans lesquels ils pourront remettre en question vos règles, vos codes ou vos valeurs. En recueillant leur sentiment, vous pourrez ainsi « réajuster » votre positionnement.

À RETENIR

Nos valeurs peuvent évoluer dans le temps sans que leur bien fondé de départ soit remis en question. En effet, elles sont souvent le reflet du moment ou de la situation que l'on vit.

Patricia : « Je ne supporte pas le désordre »

Patricia n'apprécie pas de rentrer dans sa maison lorsque c'est le bazar. Pour elle, l'espace commun doit être respecté et chacun doit ranger ses affaires afin de ne pas déborder sur le reste de la famille. Face au désordre chronique de son entourage, elle peut avoir des réactions excessives : avoir envie de tout jeter à la poubelle ou par la fenêtre. Comment canaliser ces moments de colère ? Comment ne pas manquer de respect aux autres en qualifiant leurs affaires de désordre ?

SOPHRO EXPRESS (EXERCICE D'URGENCE) :
« Évacuer la colère »

- **Objectifs :** évacuer l'irritation montante. Canaliser la pulsion colérique. Retrouver le calme.
- **Méthode :** debout, les pieds bien à plat, inspirez profondément. Retenez votre respiration. Poumons pleins, contractez l'ensemble des muscles de votre corps, de la tête aux pieds. Soufflez et relâchez l'ensemble de vos muscles. Répétez l'exercice trois fois. Prenez conscience de votre retour au calme.
- **Notre conseil :** à chaque fois que vous sentez la colère monter, passez-vous les mains et les poignets sous l'eau froide.

© InterEditions – La photocopie non autorisée est un délit

SOPHRO RELAX (EXERCICE DE FOND) :
« Je crée une pièce pour tous »

Objectifs : se rendre compte que l'on n'accorde pas tous la même importance aux objets : ce qui semble inintéressant et sans valeur à l'un, peut être important pour l'autre. Prendre conscience qu'il y a souvent un décalage entre notre perception de l'ordre et du rangement et la manière de ranger des autres... Accepter que vivre ensemble c'est aussi partager le désordre que les autres peuvent occasionner à nos yeux.

Méthode :

Étape 1 : installez-vous confortablement.

- Observez l'espace autour de vous puis fermez les yeux.
- Mettez-vous à présent à l'écoute de votre corps.

Étape 2 : détendez-vous.

- Portez attention à votre tête, à votre visage.
- Desserrez vos mâchoires, vos dents.
- Prenez conscience à présent que votre visage est détendu et relâché.
- Laissez la détente envahir votre nuque, vos trapèzes, vos épaules, jusqu'à vos mains et le bout de vos doigts.
- Prenez conscience à présent que vos membres supérieurs sont détendus et relâchés.
- Portez attention à votre dos.
- Relâchez les muscles tout le long de votre colonne vertébrale, du haut jusqu'en bas.
- Prenez conscience à présent que votre dos est détendu et relâché.
- Respirez profondément et calmement.

- Percevez les mouvements de votre cage thoracique à chaque respiration.
- Relâchez votre ventre.
- Percevez les mouvements de votre ventre à chaque respiration.
- Prenez conscience à présent que votre buste est détendu et relâché.
- Relâchez les muscles de vos cuisses, vos genoux, vos mollets, vos chevilles, vos pieds jusqu'au bout de vos orteils.
- Prenez conscience à présent que vos membres inférieurs sont détendus et relâchés.
- Maintenant, prenez conscience que tout votre corps est détendu et relâché.

Étape 3 : imaginez...

Vous emménagez avec votre famille dans une nouvelle maison.

- Vous décidez tous ensemble, d'aménager une pièce commune où chacun pourra apporter quelques objets, quelques meubles et des décorations personnels.
- Vous sentez que cela fait plaisir à chacun et ce sentiment prend le pas sur votre besoin d'organisation et d'ordre.
- Vous profitez du plaisir que votre famille ressent dans cette composition commune.
- Observez ce patchwork en apparence désorganisé et tirez satisfaction de voir la touche personnelle de chacun d'entre eux et les trésors dépareillés qu'ils vous offrent.
- Découvrez même une certaine logique à ce mélange, il représente ce que vous êtes tous ensemble.
- Votre souci de rangement passe maintenant au deuxième, voire au troisième plan.
- Vous finissez par apprécier le « désordre » de ce lieu.

© InterEditions – La photocopie non autorisée est un délit

- Imprégnez-vous de ces sensations positives.

Étape 4 : retrouvez votre environnement.

- Reprenez contact avec les points d'appui de votre corps.
- Prenez conscience des bruits extérieurs.
- Inspirez profondément pour vous dynamiser.
- Bougez légèrement vos mains, vos pieds.
- Étirez-vous.
- Lorsque vous vous sentirez prêt(e), ouvrez les yeux.

Notre conseil : pour prolonger ce moment de détente, prenez le temps de créer des patchworks de couleur avec du papier ou du tissu afin d'apprécier le « désordre » organisé que représente ce type de création.

> À RETENIR
>
> Ce que l'on considère parfois comme désordonné peut être organisé pour l'autre. Nous n'avons pas tous le même besoin d'organisation et la même logique de rangement.

AU TRAVAIL

Bertrand : « Ma conscience professionnelle me fait parfois perdre le sommeil »

Consciencieux, rigoureux, engagé, Bertrand aime mener à bien les missions qui lui sont confiées. Une volonté de « bien faire » l'anime et il continue parfois de penser à son travail à la maison et pendant ses vacances. Sa capacité d'anticipation est une qualité professionnelle, mais elle génère également chez lui une forme d'inquiétude chronique. Certains soirs, il a beaucoup de mal à s'endormir.

Comment ne pas laisser la sphère professionnelle envahir la vie personnelle ?

SOPHRO EXPRESS (EXERCICE D'URGENCE) :
« Un nouvel espace »

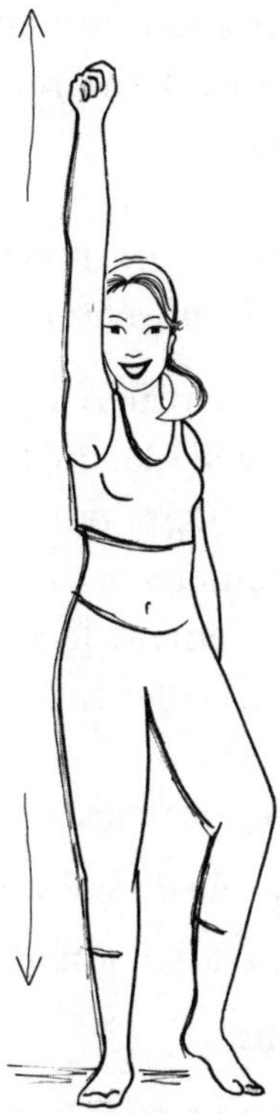

- **Objectifs :** créer de l'espace autour de soi. Éloigner, mettre à distance le travail. Revenir sur son axe.
- **Méthode :** debout, portez le poids de votre corps sur votre jambe droite. Inspirez en levant le bras droit à la verticale. Poumons pleins, retenez votre respiration et tendez tout le côté droit en enfonçant le talon droit dans le sol et en poussant le plus haut possible la main droite vers le ciel. Laissez le côté gauche détendu. Soufflez

© InterEditions – La photocopie non autorisée est un délit

en laissant redescendre le bras droit et en revenant en appui sur les deux jambes. Répétez l'exercice trois fois. Recommencez l'exercice trois fois en mobilisant le côté gauche. Puis, une fois, les deux côtés ensemble. Prenez conscience de votre capacité à créer un nouvel espace.

- **Notre conseil :** pour accentuer l'efficacité de cet exercice, imaginez-vous lors des étirements enraciné au sol et décrochant les étoiles.

SOPHRO RELAX (EXERCICE DE FOND) : *« Je m'imagine en train de m'endormir »*

Objectifs : visualiser les rituels du coucher afin de se projeter dans un sommeil de qualité. Le fait de passer en revue les différentes étapes qui vous mènent jusqu'au sommeil et de « s'entraîner » à s'endormir vous permet de lâcher prise plus facilement lors du moment venu et d'atteindre ainsi un laisser-aller total.

Méthode :

Étape 1 : installez-vous confortablement.

- Observez l'espace autour de vous puis fermez les yeux.
- Mettez-vous à présent à l'écoute de votre corps.

Étape 2 : détendez-vous.

- Portez attention à votre tête, à votre visage.
- Desserrez vos mâchoires, vos dents.
- Prenez conscience à présent que votre visage est détendu et relâché.
- Laissez la détente envahir votre nuque, vos trapèzes, vos épaules, jusqu'à vos mains et le bout de vos doigts.
- Prenez conscience à présent que vos membres supérieurs sont détendus et relâchés.
- Portez attention à votre dos.

- Relâchez les muscles tout le long de votre colonne vertébrale, du haut jusqu'en bas.
- Prenez conscience à présent que votre dos est détendu et relâché.
- Respirez profondément et calmement.
- Percevez les mouvements de votre cage thoracique à chaque respiration.
- Relâchez votre ventre.
- Percevez les mouvements de votre ventre à chaque respiration.
- Prenez conscience à présent que votre buste est détendu et relâché.
- Relâchez les muscles de vos cuisses, vos genoux, vos mollets, vos chevilles, vos pieds jusqu'au bout de vos orteils.
- Prenez conscience à présent que vos membres inférieurs sont détendus et relâchés.
- Maintenant, prenez conscience que tout votre corps est détendu et relâché.

Étape 3 : imaginez...
Vous êtes au moment du coucher.

- Vous quittez vos vêtements de la journée afin de vous mettre à l'aise.
- Passez à la salle de bain et prenez soin de vous (démaquillage, toilette, etc.)
- Vous êtes apaisé(e) par cette coupure, ce changement de lieu et d'atmosphère.
- Vous vous dirigez vers votre chambre et vous vous installez dans votre lit.
- Vous adoptez une position confortable.

© InterEditions – La photocopie non autorisée est un délit

- Appréciez le maintien du matelas, la douceur de la couette, le moelleux de l'oreiller...
- Éteignez la lumière et laissez le sommeil peu à peu vous envahir.
- Sentez votre corps s'alourdir et tous vos muscles se relâcher.
- Percevez votre respiration calme et paisible.
- Imaginez-vous maintenant en train de dormir.
- Observez votre visage détendu, votre corps au repos.
- Votre sommeil est profond.
- Votre respiration est ample.
- Prenez conscience de la qualité de votre sommeil.
- Imprégnez-vous de ces sensations positives.

Étape 4 : retrouvez votre environnement.

- Reprenez contact avec les points d'appui de votre corps.
- Prenez conscience des bruits extérieurs.
- Inspirez profondément pour vous dynamiser.
- Bougez légèrement vos mains, vos pieds.
- Étirez-vous.
- Lorsque vous vous sentirez prêt(e), ouvrez les yeux.

Notre conseil : pour prolonger ce moment de détente et afin de bien préparer votre nuit, n'hésitez pas la journée (après le déjeuner) à vous accorder une pause en faisant une sieste de 15 minutes maximum.

À RETENIR

Une bonne nuit se prépare pendant la journée. Plus vous évacuerez le stress et les pensées préoccupantes pendant la journée, plus votre sommeil sera de qualité.

Jean : « Perfectionniste, je ne suis jamais satisfait du travail accompli »

Travailleur, persévérant, courageux, Jean est aussi très exigeant dans son travail et pense qu'il est toujours possible de faire mieux. C'est un moteur pour lui mais aux yeux de certains collègues ou de son entourage, il apparaît parfois comme un éternel insatisfait. Par moments, cela peut le gêner dans ses relations. Comment trouver le juste équilibre ?

SOPHRO EXPRESS (EXERCICE D'URGENCE) :
« La simplicité du geste »

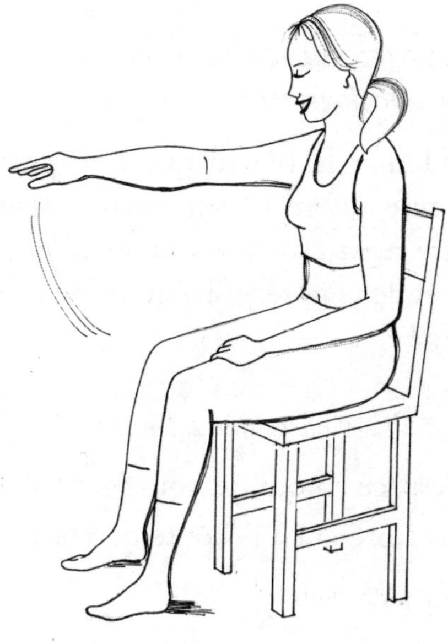

- **Objectifs :** mesurer la distance entre soi et ce que l'on fait. Prendre du recul. Se satisfaire d'un geste simple et de son résultat.

© InterEditions – La photocopie non autorisée est un délit

- **Méthode :** assis(e) sur une chaise le dos bien droit, les yeux fermés, inspirez en levant le bras droit à l'horizontale. Soufflez en laissant le bras redescendre et arrêtez-le à environ 10-15 cm au-dessus de votre cuisse. Ouvrez légèrement les yeux pour observer la distance parcourue. Fermez les yeux et laissez le bras se déposer sur votre cuisse. Répétez l'exercice trois fois. Recommencez de même avec le bras gauche. Prenez conscience du mouvement et de la réelle distance entre votre bras et votre jambe lors de la pause.
- **Notre conseil :** cherchez dans votre quotidien des occasions d'apprécier des plaisirs simples : le bon goût d'un fruit, l'odeur agréable du café, la sensation de fraîcheur de l'herbe mouillée, etc.

SOPHRO RELAX (EXERCICE DE FOND) :
« Je me regarde sans jugement »

Objectifs : adoucir le regard que l'on porte sur soi. Il s'agit de prendre du recul sur ce que vous faites afin d'adoucir votre regard sur vous-même. Perdre l'habitude de vous juger et de vous regarder au travers des lunettes du perfectionniste !

Méthode :

Étape 1 : installez-vous confortablement.

- Observez l'espace autour de vous puis fermez les yeux.
- Mettez-vous à présent à l'écoute de votre corps.

Étape 2 : détendez-vous.

- Portez attention à votre tête, à votre visage.
- Desserrez vos mâchoires, vos dents.
- Prenez conscience à présent que votre visage est détendu et relâché.

- Laissez la détente envahir votre nuque, vos trapèzes, vos épaules, jusqu'à vos mains et le bout de vos doigts.
- Prenez conscience à présent que vos membres supérieurs sont détendus et relâchés.
- Portez attention à votre dos.
- Relâchez les muscles tout le long de votre colonne vertébrale, du haut jusqu'en bas.
- Prenez conscience à présent que votre dos est détendu et relâché.
- Respirez profondément et calmement.
- Percevez les mouvements de votre cage thoracique à chaque respiration.
- Relâchez votre ventre.
- Percevez les mouvements de votre ventre à chaque respiration.
- Prenez conscience à présent que votre buste est détendu et relâché.
- Relâchez les muscles de vos cuisses, vos genoux, vos mollets, vos chevilles, vos pieds jusqu'au bout de vos orteils.
- Prenez conscience à présent que vos membres inférieurs sont détendus et relâchés.
- Maintenant, prenez conscience que tout votre corps est détendu et relâché.

Étape 3 : imaginez...

Une caméra qui tourne autour de vous tel un satellite autour de la Terre.

- Elle filme toutes les parties de votre corps en portant sur elles un regard bienveillant.

© InterEditions – La photocopie non autorisée est un délit

- Elle s'arrête d'abord face à votre visage et vous inspire un sourire.
- Face à elle, vous vous trouvez rayonnant(e), détendu(e).
- Elle zoome ensuite sur chaque partie de votre corps.
- La caméra tourne doucement autour de vous.
- Contemplez les contours harmonieux de votre corps.
- Sentez la caméra vous effleurer, vous scruter entièrement.
- Percevez ses arrêts sur chaque côté et l'arrière de votre corps.
- Ce regard vous fait du bien, il vous permet de prendre du recul.
- Découvrez-vous comme vous ne vous êtes jamais vu.
- Ressentez la bienveillance de ce regard.
- Imprégnez-vous de ces sensations positives.

Étape 4 : retrouvez votre environnement.

- Reprenez contact avec les points d'appui de votre corps.
- Prenez conscience des bruits extérieurs.
- Inspirez profondément pour vous dynamiser.
- Bougez légèrement vos mains, vos pieds.
- Étirez-vous.
- Lorsque vous vous sentirez prêt(e), ouvrez les yeux.

Notre conseil : pour prolonger ce moment de détente, apprenez à écouter les compliments des gens qui vous entourent et à les accepter sans les dévaloriser.

À RETENIR

Nous ne sommes pas les meilleures personnes pour juger de nos actes et de nos réalisations. Il est extrêmement difficile d'être objectif sur soi et sur ce que nous faisons. Un regard extérieur peut donc constituer une aide précieuse.

Frédérique : « Quand les règles ne sont pas respectées, je me mets en colère »

Règles non respectées, consignes bafouées, codes remis en question... À la moindre sortie de route, Frédérique voit rouge. Elle pique une colère lorsque l'ordre établi n'est pas respecté et cela prend parfois des proportions qui nuisent à sa relation aux autres. Pour elle, une parole est une parole et il faut respecter cela ! De plus, si des règles sont posées, c'est qu'elles sont nécessaires et justifiées. Comment lui permettre de mettre de l'eau dans son vin ?

SOPHRO EXPRESS (EXERCICE D'URGENCE) : « Les doigts en griffe »

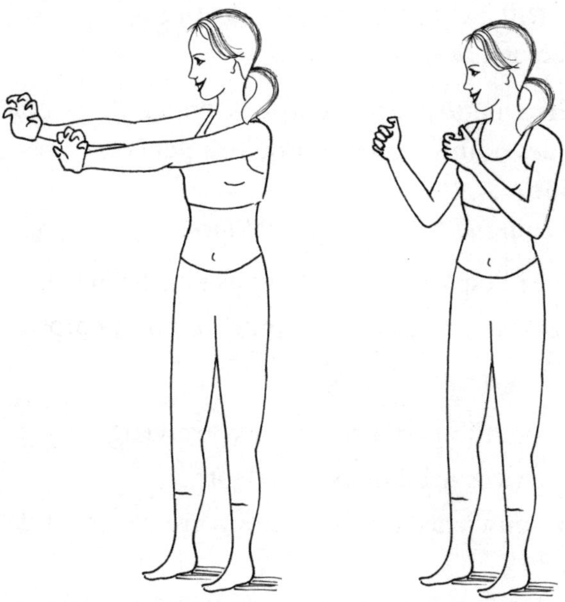

- **Objectifs :** capter et retenir l'apaisement. Le ramener à soi. Diffuser la sérénité qu'il procure dans le corps.

© InterEditions – La photocopie non autorisée est un délit

- **Méthode :** debout, les jambes légèrement écartées, inspirez en levant les bras à l'horizontale. Mettez les doigts en griffe en tendant vos bras vers l'avant. Poumons pleins, retenez votre respiration et amenez vos mains vers le thorax en les tournant vers vous. Imaginez amener du calme vers vous. Soufflez en laissant les bras redescendre le long du corps. Laissez le calme envahir votre corps. Répétez l'exercice trois fois. Prenez conscience de l'apaisement retrouvé.
- **Notre conseil :** se rappeler que la transgression de la règle n'est pas forcément un manque de respect envers soi mais peut être parfois expliquée par un contexte, une situation particulière.

Sophro Relax (exercice de fond) :
« Je déplace ma colère »

Objectifs : nettoyer son corps, le vider de la colère et l'alléger des points de tension qu'elle génère.

Méthode :

Étape 1 : installez-vous confortablement.

- Observez l'espace autour de vous puis fermez les yeux.
- Mettez-vous à présent à l'écoute de votre corps.

Étape 2 : détendez-vous.

- Portez attention à votre tête, à votre visage.
- Desserrez vos mâchoires, vos dents.
- Prenez conscience à présent que votre visage est détendu et relâché.
- Laissez la détente envahir votre nuque, vos trapèzes, vos épaules, jusqu'à vos mains et le bout de vos doigts.
- Prenez conscience à présent que vos membres supérieurs sont détendus et relâchés.

- Portez attention à votre dos.
- Relâchez les muscles tout le long de votre colonne vertébrale, du haut jusqu'en bas.
- Prenez conscience à présent que votre dos est détendu et relâché.
- Respirez profondément et calmement.
- Percevez les mouvements de votre cage thoracique à chaque respiration.
- Relâchez votre ventre.
- Percevez les mouvements de votre ventre à chaque respiration.
- Prenez conscience à présent que votre buste est détendu et relâché.
- Relâchez les muscles de vos cuisses, vos genoux, vos mollets, vos chevilles, vos pieds jusqu'au bout de vos orteils.
- Prenez conscience à présent que vos membres inférieurs sont détendus et relâchés.
- Maintenant, prenez conscience que tout votre corps est détendu et relâché.

Étape 3 : imaginez...

Votre tête, votre visage et repérez sur eux les points de tension qui vous gênent.

- En inspirant, vous visualisez ces points, les matérialisez et contractez légèrement les muscles de votre front, de vos yeux, de vos mâchoires.
- Puis, en soufflant, vous chassez les contrariétés qui siégeaient à ces endroits.
- Vous vous concentrez à présent sur votre cou, vos épaules, vos bras, vos mains.

© InterEditions – La photocopie non autorisée est un délit

- Vous repérez de nouveaux points de tension et procédez de la même manière en contractant doucement le cou, les épaules, les bras, les mains, puis en soufflant afin d'évacuer les soucis nichés à ces endroits.
- Portez maintenant attention à votre dos, votre poitrine, votre ventre.
- Contractez légèrement les muscles concernés en imaginant très fortement les tensions ancrées en ces lieux.
- Soufflez et évacuez l'ensemble des tensions.
- Enfin, vous imaginez votre bassin, vos muscles fessiers, vos jambes et vos pieds.
- Vous localisez précisément les tensions accumulées dans toute la partie basse de votre corps en retenant votre respiration.
- Contractez légèrement le bassin, les muscles fessiers, les jambes et les pieds et soufflez pour chasser les émotions négatives.
- Et pour finir de nettoyer votre corps, inspirez et contractez l'ensemble de vos muscles, de la tête jusqu'aux pieds.
- Soufflez et appréciez les sensations agréables que cela procure.
- Vous vous sentez à présent plus léger(e), détendu(e).
- Imprégnez-vous de ces sensations positives.

Étape 4 : retrouvez votre environnement.

- Reprenez contact avec les points d'appui de votre corps.
- Prenez conscience des bruits extérieurs.
- Inspirez profondément pour vous dynamiser.
- Bougez légèrement vos mains, vos pieds.
- Étirez-vous.
- Lorsque vous vous sentirez prêt(e), ouvrez les yeux.

Notre conseil : pour prolonger ce moment de détente et en cas de montée de colère, contractez l'ensemble des muscles de votre corps comme pour créer un bloc. Soufflez fort en relâchant tout et en imaginant chasser cette colère.

> À RETENIR
> **Une émotion telle que la colère révèle toujours un besoin non satisfait. Une fois la crise passée, questionnez-vous sur ce besoin afin d'anticiper une prochaine situation.**

Guillaume : « Dans le stress d'une réunion, je ne sais plus être clair et concis. »

En situation de stress, Guillaume a tendance à se perdre dans les détails. Il part alors dans des explications souvent trop longues qui agacent ses collègues et ralentissent le bon déroulement d'une réunion ou d'une présentation. Ces réflexions internes énoncées à haute voix sont très souvent mal interprétées par son entourage. En effet, en se perdant ainsi dans le détail, ses compétences sont parfois remises en cause. Comment lui permettre de s'apaiser ?

SOPHRO EXPRESS (EXERCICE D'URGENCE) : « La spirale »

© InterEditions – La photocopie non autorisée est un délit

- **Objectifs :** se recentrer. Retrouver de la mobilité. Canaliser sa parole.
- **Méthode :** juste avant d'entrer en réunion, inspirez profondément par le nez. Poumons pleins, retenez votre respiration en faisant des mouvements circulaires de la tête et soufflez. Répétez l'exercice trois fois et dans les deux sens. Puis, inspirez à nouveau et en retenant votre respiration, tendez les muscles antérieurs du cou et soufflez. Prenez conscience de votre capacité à vous recentrer et à redevenir concis(e).
- **Notre conseil :** pour favoriser la concentration lors de mouvements circulaires, imaginez-vous dessiner mentalement la coquille d'un escargot avec un crayon au bout du nez. Puis, à l'aide d'une gomme, toujours placée au bout de votre nez, gommez ce dessin en réalisant les mouvements à l'envers.

SOPHRO RELAX (EXERCICE DE FOND) : « J'amène la paix en moi »

Objectifs : retrouver des sensations de paix, les inscrire dans son corps, garder ce sentiment en soi de façon durable.

Méthode :

Étape 1 : installez-vous confortablement.

- Observez l'espace autour de vous puis fermez les yeux.
- Mettez-vous à présent à l'écoute de votre corps.

Étape 2 : détendez-vous.

- Portez attention à votre tête, à votre visage.
- Desserrez vos mâchoires, vos dents.
- Prenez conscience à présent que votre visage est détendu et relâché.

- Laissez la détente envahir votre nuque, vos trapèzes, vos épaules, jusqu'à vos mains et le bout de vos doigts.
- Prenez conscience à présent que vos membres supérieurs sont détendus et relâchés.
- Portez attention à votre dos.
- Relâchez les muscles tout le long de votre colonne vertébrale, du haut jusqu'en bas.
- Prenez conscience à présent que votre dos est détendu et relâché.
- Respirez profondément et calmement.
- Percevez les mouvements de votre cage thoracique à chaque respiration.
- Relâchez votre ventre.
- Percevez les mouvements de votre ventre à chaque respiration.
- Prenez conscience à présent que votre buste est détendu et relâché.
- Relâchez les muscles de vos cuisses, vos genoux, vos mollets, vos chevilles, vos pieds jusqu'au bout de vos orteils.
- Prenez conscience à présent que vos membres inférieurs sont détendus et relâchés.
- Maintenant, prenez conscience que tout votre corps est détendu et relâché.

Étape 3 : imaginez...
Vous vous imprégnez d'une sensation de paix...

- Inspirez en gonflant le ventre, retenez votre respiration et inscrivez le mot « paix » dans votre tête.
- Soufflez doucement en laissant diffuser le mot paix dans votre corps.

© InterEditions – La photocopie non autorisée est un délit

- Reprenez ensuite une respiration naturelle.
- Inspirez de nouveau et imaginez chacune des lettres du mot « paix » se tatouer sur votre corps à l'expiration.
- Reprenez une respiration naturelle.
- Prenez conscience de votre corps en paix.
- Pour renforcer ce sentiment, affirmez à présent « je suis en paix » dans votre tête.
- Appréciez toute la force de ces mots.
- Répétez plusieurs fois cette phrase dans votre tête et diffusez ce sentiment à chaque respiration.
- Maintenant, programmez le maintien de cette sensation en affirmant dans votre tête : « je serai en paix pendant toute cette réunion ».
- Prenez conscience du maintien de cette sensation.
- Imprégnez-vous de ces sensations positives.

Étape 4 : retrouvez votre environnement.

- Reprenez contact avec les points d'appui de votre corps.
- Prenez conscience des bruits extérieurs.
- Inspirez profondément pour vous dynamiser.
- Bougez légèrement vos mains, vos pieds.
- Étirez-vous.
- Lorsque vous vous sentirez prêt(e), ouvrez les yeux.

Notre conseil : pour prolonger ce moment de détente, pendant vos réunions, écrivez sur une feuille autant de fois que nécessaire : « je suis calme ».

À RETENIR

L'autosuggestion permet de développer des sensations et de « réactiver » certaines ressources intérieures : capacité à se calmer, à retrouver confiance, à se recentrer, etc.

8

SI VOUS AIMEZ RELEVER DES DÉFIS...

CE QUI VOUS FAIT AVANCER, C'EST LE CHALLENGE. Vous carburez au « t'es pas cap ! » et c'est une période de votre vie où vous avez envie d'avancer, de réaliser un maximum de choses... Mais le trop étant l'ennemi du bien, peut-être vivez-vous l'une de ces situations...

Dans la vie privée :

- Jérôme : « Je m'ennuie dans mon couple, la routine s'est installée. »
- Yann : « Je ne tiens pas en place, même en vacances. »
- Sylvie : « J'exige de mes enfants qu'ils soient autonomes et les premiers. »
- Anne : « Je multiplie les conquêtes, j'ai du mal à m'investir dans une relation. »

Au travail :

- Thomas : « Impulsif, j'accumule les erreurs en agissant dans la précipitation. »
- Audrey : « Ma détermination m'isole. »

- Karine : « J'aime plaire et briller, parfois au détriment du collectif. »
- Antoine : « Mon goût du challenge m'épuise. »

DANS LA VIE PRIVÉE

Jérôme : « Je m'ennuie dans mon couple, la routine s'est installée »

Quelques semaines, quelques mois de relation amoureuse et ça y est, Jérôme s'ennuie. Il ne ressent plus de surprise à l'égard de sa partenaire et dans ce contexte, il cherche en permanence l'excitation. Son besoin d'adrénaline le pousse à provoquer l'autre, à la « titiller », quitte à entretenir avec elle une relation conflictuelle. Le caractère « chien et chat » de cette relation le pousse malgré lui vers l'échec car sous le coup de l'impulsion, une envie irrépressible de tout envoyer balader le submerge...

SOPHRO EXPRESS (EXERCICE D'URGENCE) : « Le Karaté »

- **Objectifs :** casser cette pulsion provocatrice. Chasser les intentions belliqueuses. Ressentir la satisfaction d'avoir atteint son objectif.
- **Méthode :** debout, levez le bras gauche à l'horizontale. Inspirez en levant le bras droit sous l'aisselle droite. Poumons pleins, retenez votre respiration. Soufflez en lançant le bras droit en avant comme pour donner un coup de poing. Laissez redescendre vos bras doucement. Répétez l'exercice trois fois. Renouvelez l'exercice trois fois avec le bras gauche. Puis une fois avec les deux

bras. Prenez conscience de la sensation de calme et de satisfaction qui vous habite.

- **Notre conseil :** pour renforcer l'exercice, imaginez taper dans un sac rempli d'agressivité. Lors de l'expiration, tapez dans le sac en imaginant l'exploser. Voyez toutes vos tentatives de provocation disparaître...

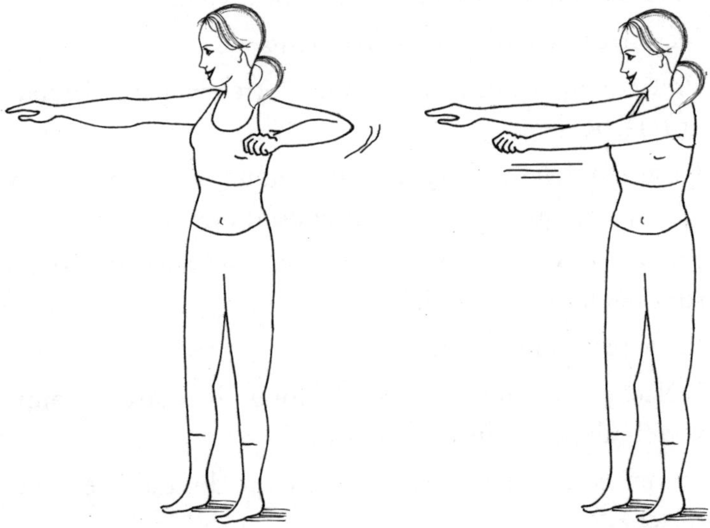

© InterEditions – La photocopie non autorisée est un délit

Sophro Relax (exercice de fond) :
« Je transforme ma colère en énergie positive »

Objectifs : faire disparaître, au moment même où elle arrive, cette pulsion belliqueuse. Dirigée sans raison vers l'autre, elle est incompréhensible et lui fait mal. Le but est donc de se concentrer sur l'endroit du corps où se matérialise cette pulsion, de lui donner une forme, une couleur, une texture (selon votre choix) pour mieux la « façonner » et la transformer en quelque chose d'inoffensif.

Méthode :

Étape 1 : installez-vous confortablement.

- Observez l'espace autour de vous puis fermez les yeux.
- Mettez-vous à présent à l'écoute de votre corps.

Étape 2 : détendez-vous.

- Portez attention à votre tête, à votre visage.
- Desserrez vos mâchoires, vos dents.
- Prenez conscience à présent que votre visage est détendu et relâché.
- Laissez la détente envahir votre nuque, vos trapèzes, vos épaules, jusqu'à vos mains et le bout de vos doigts.
- Prenez conscience à présent que vos membres supérieurs sont détendus et relâchés.
- Portez attention à votre dos.
- Relâchez les muscles tout le long de votre colonne vertébrale, du haut jusqu'en bas.
- Prenez conscience à présent que votre dos est détendu et relâché.
- Respirez profondément et calmement.
- Percevez les mouvements de votre cage thoracique à chaque respiration.
- Relâchez votre ventre.
- Percevez les mouvements de votre ventre à chaque respiration.
- Prenez conscience à présent que votre buste est détendu et relâché.
- Relâchez les muscles de vos cuisses, vos genoux, vos mollets, vos chevilles, vos pieds jusqu'au bout de vos orteils.

- Prenez conscience à présent que vos membres inférieurs sont détendus et relâchés.
- Maintenant, prenez conscience que tout votre corps est détendu et relâché.

Étape 3 : imaginez...

Que vous avez le pouvoir de changer la face des choses et de vos émotions.

- Sentez au plus profond de vous cette sensation d'agressivité
- Cherchez à la localiser dans votre corps
- Donnez-lui à présent une forme, une couleur et une matière pour mieux la façonner...
- Si elle est un carré, vous arrondissez doucement ses angles...
- Si elle est de couleur rouge, vous l'éclaircissez progressivement pour qu'elle devienne rose...
- Si elle est constituée de métal, vous l'imaginez devenir soie ou bien velours...
- Une fois transformée, concentrez-vous à nouveau sur l'endroit du corps où se niche cette sensation.
- Prenez conscience de l'apaisement que cette transformation vous a apporté.
- Ressentez la fierté d'avoir réussi ce challenge
- Imprégnez-vous de ces sensations positives

Étape 4 : retrouvez votre environnement.

- Reprenez contact avec les points d'appui de votre corps.
- Prenez conscience des bruits extérieurs.
- Inspirez profondément pour vous dynamiser.
- Bougez légèrement vos mains, vos pieds.
- Étirez-vous.

© InterEditions – La photocopie non autorisée est un délit

- Lorsque vous vous sentirez prêt(e), ouvrez les yeux.

Notre conseil : pour prolonger ce moment de détente, découpez un morceau de tissu, un bout de papier coloré ou tout autre matière matérialisant la douceur. Gardez-le sur vous et lorsque l'émotion monte, concentrez-vous sur lui afin de reproduire l'exercice en tout lieu et à tout moment de la journée.

> À RETENIR
>
> Reconnaître ses émotions n'est pas toujours facile. Garder en tête un petit stock de formes, de couleurs ou de matières vous permettra de matérialiser vos émotions le moment venu afin de prendre davantage de recul.

Yann : « Je ne tiens pas en place, même en vacances »

« Qu'est-ce qu'on fait aujourd'hui ? » « Qu'est-ce qu'on mange ce soir ? » « À quelle heure partons-nous pour notre marche ? »... Même en congés, il est impossible pour Yann de rester à ne rien faire. Il a la bougeotte et cela peut être pesant pour son entourage, davantage attiré par le farniente. Sa devise : bouger c'est vivre ! Mais en prenant un peu de recul, il pourrait se rendre compte que même en étant inactif, il n'en reste pas moins vivant.

SOPHRO EXPRESS (EXERCICE D'URGENCE) : « Le Polichinelle »

- **Objectifs :** évacuer le trop plein d'énergie. Prendre conscience du mouvement et de la vie présente dans votre corps.
- **Méthode :** debout, respirez librement. Faites ensuite des petits sauts sur place en laissant le haut de votre corps

(thorax, bras et tête) le plus détendu possible. Gardez le reste du corps tendu afin d'assurer les sauts. Revenez en appui sur vos deux jambes. Prenez conscience des battements de votre cœur, du sang qui afflue dans vos artères et de votre respiration.

- **Notre conseil :** pour ressentir encore plus les effets de l'exercice, sautez de plus en plus haut, tel un ressort.

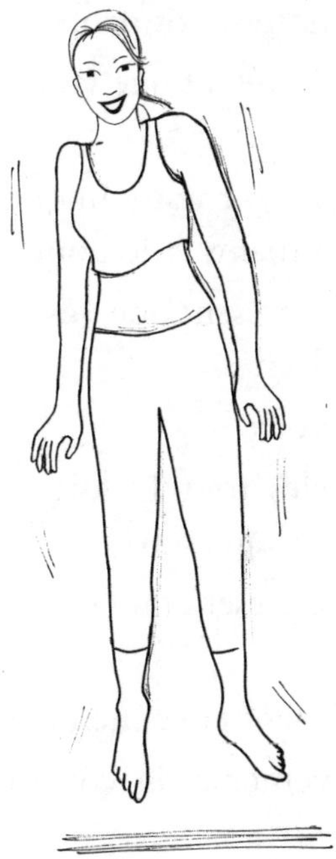

SOPHRO RELAX (EXERCICE DE FOND) :
« Je sens la vie dans mon corps »

Objectifs : prendre conscience de la belle machine que représente notre corps. Une machine qui continue à tourner quel que soit notre rythme de vie : rapide ou lent. Et se rendre compte, ainsi, qu'il n'est pas obligatoire d'être actif pour qu'elle fonctionne.

© InterEditions – La photocopie non autorisée est un délit

Méthode :

Étape 1 : installez-vous confortablement.

- Observez l'espace autour de vous puis fermez les yeux.
- Mettez-vous à présent à l'écoute de votre corps.

Étape 2 : détendez-vous.

- Portez attention à votre tête, à votre visage.
- Desserrez vos mâchoires, vos dents.
- Prenez conscience à présent que votre visage est détendu et relâché.
- Laissez la détente envahir votre nuque, vos trapèzes, vos épaules, jusqu'à vos mains et le bout de vos doigts.
- Prenez conscience à présent que vos membres supérieurs sont détendus et relâchés.
- Portez attention à votre dos.
- Relâchez les muscles tout le long de votre colonne vertébrale, du haut jusqu'en bas.
- Prenez conscience à présent que votre dos est détendu et relâché.
- Respirez profondément et calmement.
- Percevez les mouvements de votre cage thoracique à chaque respiration.
- Relâchez votre ventre.
- Percevez les mouvements de votre ventre à chaque respiration.
- Prenez conscience à présent que votre buste est détendu et relâché.
- Relâchez les muscles de vos cuisses, vos genoux, vos mollets, vos chevilles, vos pieds jusqu'au bout de vos orteils.

- Prenez conscience à présent que vos membres inférieurs sont détendus et relâchés.
- Maintenant, prenez conscience que tout votre corps est détendu et relâché.

Étape 3 : imaginez...
Votre corps au repos.

- Entrez à l'intérieur de votre organisme en pénétrant les pores de votre peau.
- Observez la vie et l'activité de ce monde intérieur.
- Imaginez les battements calmes de votre cœur.
- Suivez le cours régulier de votre circulation sanguine.
- Profitez de ce voyage merveilleux.
- Découvrez chacun de vos organes.
- Appréciez leur fonctionnement.
- Imaginez à présent vos cellules, pénétrez leur noyau.
- Apercevez les chromosomes qui constituent votre patrimoine génétique.
- Visualisez les capacités physiques de votre organisme comme les maillons d'une chaîne naturelle.
- Prenez conscience de la force et de la vitalité de cette chaîne.
- Prenez conscience de la vie en vous.
- Imprégnez-vous de ces sensations positives

Étape 4 : retrouvez votre environnement.

- Reprenez contact avec les points d'appui de votre corps.
- Prenez conscience des bruits extérieurs.
- Inspirez profondément pour vous dynamiser.
- Bougez légèrement vos mains, vos pieds.
- Étirez-vous.

© InterEditions – La photocopie non autorisée est un délit

• Lorsque vous vous sentirez prêt(e), ouvrez les yeux.

Notre conseil : pour prolonger ce moment de détente, bouchez-vous les oreilles pendant quelques instants afin d'écouter votre monde intérieur. Par ce geste, votre respiration et le son des battements de votre cœur seront alors amplifiés.

À RETENIR

Votre organisme est complexe et ses fonctions sont multiples : votre respiration sert à vous oxygéner mais aussi à évacuer vos émotions. Votre influx nerveux permet de bouger mais aussi de vous détendre, etc. Prendre conscience de ce potentiel permet de se sentir toujours vivant.

Sylvie : « J'exige de mes enfants qu'ils soient autonomes et les premiers »

« Dans la vie, il est important de savoir se débrouiller et le plus tôt est le mieux ! » : voici une des phrases préférées de Sylvie... Face à son souhait de les voir grandir vite et ainsi être autonomes, ses enfants se sentent parfois démunis et lui reprochent ce penchant. De plus, leurs petites « faiblesses » l'agacent... Comment lui permettre de prendre du recul afin d'accepter qu'ils ne répondent pas forcément à ses exigences ?

SOPHRO EXPRESS (EXERCICE D'URGENCE) : « Les éventails »

- **Objectifs :** vider sa colère. Chasser son agacement. Reconsidérer la situation en prenant du recul.
- **Méthode :** debout, inspirez en levant les bras à l'horizontale, les paumes en avant. Poumons pleins, retenez

votre respiration en secouant les mains comme pour les égoutter ou se libérer de papiers collants au bout des doigts. Soufflez en laissant les bras redescendre le long du corps. Prenez conscience de la sensation de légèreté et d'apaisement qui vous envahit.

- **Notre conseil :** fléchissez les coudes tout en gardant les mains droites devant votre poitrine et poussez vers l'avant en secouant les poignets.

SOPHRO RELAX (EXERCICE DE FOND) :
« J'apprends à accepter la différence »

Objectifs : accepter la différence. Il suffit parfois de regarder l'autre sous un autre angle pour se rendre compte qu'il est capable de parvenir au même objectif que nous, mais avec des méthodes ou un savoir-faire différent.

Méthode :

Étape 1 : installez-vous confortablement.

- Observez l'espace autour de vous puis fermez les yeux.
- Mettez-vous à présent à l'écoute de votre corps.

Étape 2 : détendez-vous.

- Portez attention à votre tête, à votre visage.

© InterEditions – La photocopie non autorisée est un délit

- Desserrez vos mâchoires, vos dents.
- Prenez conscience à présent que votre visage est détendu et relâché.
- Laissez la détente envahir votre nuque, vos trapèzes, vos épaules, jusqu'à vos mains et le bout de vos doigts.
- Prenez conscience à présent que vos membres supérieurs sont détendus et relâchés.
- Portez attention à votre dos.
- Relâchez les muscles tout le long de votre colonne vertébrale, du haut jusqu'en bas.
- Prenez conscience à présent que votre dos est détendu et relâché.
- Respirez profondément et calmement.
- Percevez les mouvements de votre cage thoracique à chaque respiration.
- Relâchez votre ventre.
- Percevez les mouvements de votre ventre à chaque respiration.
- Prenez conscience à présent que votre buste est détendu et relâché.
- Relâchez les muscles de vos cuisses, vos genoux, vos mollets, vos chevilles, vos pieds jusqu'au bout de vos orteils.
- Prenez conscience à présent que vos membres inférieurs sont détendus et relâchés.
- Maintenant, prenez conscience que tout votre corps est détendu et relâché.

Étape 3 : imaginez…
Un héros de votre enfance…

- Prenez le temps de l'observer.

- Voyez ensuite pourquoi vous l'admirez.
- Vous reconnaissez-vous en lui ?
- Nourrit-il une partie de votre personnalité ?
- Ses valeurs (le courage, la force, la détermination, l'altruisme, la créativité, etc.) sont-elles communes aux vôtres ?
- Identifiez les raisons qui font qu'il est votre héros.
- Imaginez à présent un autre personnage, un « second rôle ».
- Il n'est pas comme le héros mais son rôle est tout aussi important.
- Découvrez ses multiples qualités (l'humour, l'espièglerie, la malice, l'ingéniosité, la loyauté ou la fidélité).
- Observez la détermination qui lui permet d'atteindre ses objectifs.
- Cherchez les valeurs qui vous sont communes.
- Appréciez sa singularité.
- Portez un regard nouveau sur lui.
- Ressentez la complicité qui vous unit.
- Imprégnez-vous de cette sensation positive.

Étape 4 : retrouvez votre environnement.

- Reprenez contact avec les points d'appui de votre corps.
- Prenez conscience des bruits extérieurs.
- Inspirez profondément pour vous dynamiser.
- Bougez légèrement vos mains, vos pieds.
- Étirez-vous.
- Lorsque vous vous sentirez prêt(e), ouvrez les yeux.

Notre conseil : pour prolonger ce moment de détente, relisez les contes ou les histoires de votre enfance en

© InterEditions – La photocopie non autorisée est un délit

essayant d'accorder une attention toute particulière aux seconds rôles...

> À RETENIR
>
> **Les facettes d'une personnalité sont multiples. Chacun d'entre nous possède une part d'héroïsme mais joue aussi parfois un second rôle... Cette complémentarité permet d'avancer.**

Anne : « Je multiplie les conquêtes, j'ai du mal à m'investir dans une relation »

Célibataire endurcie, Anne aime séduire et charmer. Elle a du mal à s'investir dans une relation bien que cela soit son souhait. Épanouie dans sa vie professionnelle, elle ressent le besoin de construire une histoire d'amour durable, mais l'engagement peut parfois lui faire peur. Elle craint en s'engageant de perdre l'excitation des premiers instants de la rencontre et de ne pas « tenir la distance ». Comment renverser la vapeur ?

SOPHRO EXPRESS (EXERCICE D'URGENCE) : « La concentration »

- **Objectifs :** canaliser son énergie. Rester concentré(e) sur le moment présent. Se recentrer sur soi-même et sur son objectif.
- **Méthode :** debout, inspirez en levant le bras droit, le pouce tendu vers le ciel jusqu'à la hauteur des yeux. Poumons pleins, retenez votre respiration en ramenant doucement votre pouce vers vos yeux, en le fixant du regard. Lorsque la vue se trouble, fermez vos yeux et touchez l'espace se trouvant entre vos sourcils avec votre pouce. Expirez en laissant votre bras revenir le long de

votre corps. Répétez l'exercice trois fois et gardez les yeux fermés la troisième fois. Prenez conscience de votre capacité à vous rassembler intérieurement.

- **Notre conseil :** entraînez-vous à vous concentrer, lorsque vous écoutez un morceau de musique à n'écouter qu'un seul des instruments. Ou bien cherchez dans un endroit déterminé et en un temps limité, tous les objets d'une même couleur.

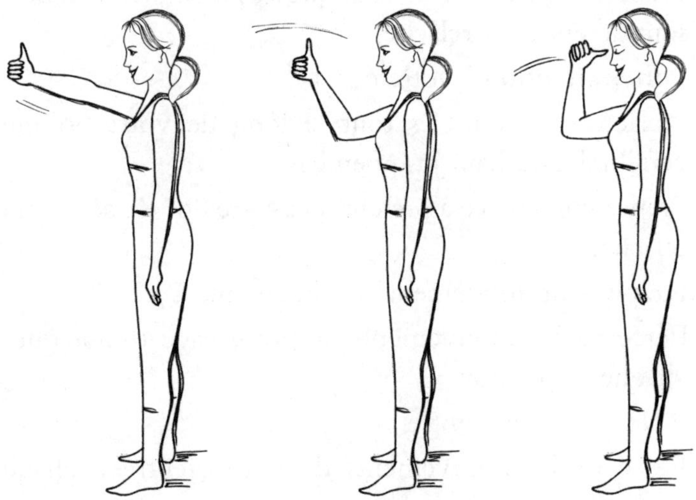

Sophro Relax (exercice de fond) :
« Je relève un défi à long terme »

Objectifs : faire de l'engagement et de la pérennité un défi majeur. En vous projetant dans l'avenir, vous allez pouvoir identifier les ressources qui sont en votre possession pour pouvoir relever, à court et à moyen terme, ce défi.

Méthode :

Étape 1 : installez-vous confortablement.

- Observez l'espace autour de vous puis fermez les yeux.
- Mettez-vous à présent à l'écoute de votre corps.

© InterEditions – La photocopie non autorisée est un délit

Étape 2 : détendez-vous.

- Portez attention à votre tête, à votre visage.
- Desserrez vos mâchoires, vos dents.
- Prenez conscience à présent que votre visage est détendu et relâché.
- Laissez la détente envahir votre nuque, vos trapèzes, vos épaules, jusqu'à vos mains et le bout de vos doigts.
- Prenez conscience à présent que vos membres supérieurs sont détendus et relâchés.
- Portez attention à votre dos.
- Relâchez les muscles tout le long de votre colonne vertébrale, du haut jusqu'en bas.
- Prenez conscience à présent que votre dos est détendu et relâché.
- Respirez profondément et calmement.
- Percevez les mouvements de votre cage thoracique à chaque respiration.
- Relâchez votre ventre.
- Percevez les mouvements de votre ventre à chaque respiration.
- Prenez conscience à présent que votre buste est détendu et relâché.
- Relâchez les muscles de vos cuisses, vos genoux, vos mollets, vos chevilles, vos pieds jusqu'au bout de vos orteils.
- Prenez conscience à présent que vos membres inférieurs sont détendus et relâchés.
- Maintenant, prenez conscience que tout votre corps est détendu et relâché.

Étape 3 : imaginez...
Vous débutez une relation.

- Prenez le temps de réfléchir à ce dont vous avez besoin pour être bien dans cette relation.
- Projetez-vous à présent dans quelques mois.
- Vous êtes installés ensemble dans le même appartement.
- Imaginez le plaisir et la surprise toujours au rendez-vous.
- Vous savez être créatif(ve) et répondez à chacun de vos besoins.
- Vos efforts sont récompensés et l'excitation du moment est à chaque fois renouvelée.
- Projetez-vous à présent dans quelques années.
- Votre relation est établie, durable.
- Vous continuez de partager des projets communs.
- L'excitation est toujours là et la complicité également
- Appréciez de « construire » une belle histoire à deux...
- Prenez le temps de ressentir tout le bien-être que cela vous procure.
- Imprégnez-vous de ces sensations positives.

Étape 4 : retrouvez votre environnement.

- Reprenez contact avec les points d'appui de votre corps.
- Prenez conscience des bruits extérieurs.
- Inspirez profondément pour vous dynamiser.
- Bougez légèrement vos mains, vos pieds.
- Étirez-vous.
- Lorsque vous vous sentirez prêt(e), ouvrez les yeux.

Notre conseil : pour prolonger ce moment de détente, rappelez-vous et listez sur une feuille tous les moments heureux partagés avec votre conjoint depuis le début de

© InterEditions – La photocopie non autorisée est un délit

votre relation. Notez particulièrement les moments qui ont donné lieu à la réalisation de projets.

> À RETENIR
>
> En connaissant vos besoins, vous pourrez puiser au fond de vous les ressources qui vous permettront de les satisfaire et ainsi ne plus avoir peur d'une relation.

AU TRAVAIL

Thomas : « Impulsif, j'accumule les erreurs en agissant dans la précipitation »

Thomas a tendance à répondre « oui » spontanément sans vraiment réfléchir à la teneur et aux conséquences de sa réponse. Son envie irrépressible de faire « à tout prix » lui pèse. En effet, ne prenant pas toujours le temps de vérifier la faisabilité des choses, il se retrouve parfois dépassé et dans des situations délicates... Cap sur la prise de recul.

SOPHRO EXPRESS (EXERCICE D'URGENCE) : « Le calme »

- **Objectifs :** éliminer la pression du « faire à tout prix ». Chasser la pulsion pour laisser place au calme. Prendre du recul.
- **Méthode :** debout, amenez vos pouces sur vos narines afin de bloquer votre respiration. Inspirez profondément par la bouche. Poumons pleins, retenez l'air quelques instants tout en vous penchant vers l'avant. Puis, soufflez fortement par le nez en relâchant vos bras. Redressez-vous lentement et répétez l'exercice trois fois. Prenez conscience du calme qui se réinstalle en vous.

- **Notre conseil :** réalisez l'exercice en « décompressant », c'est-à-dire en soufflant le nez bouché pour laisser l'air s'échapper de vos oreilles (comme en avion) afin de matérialiser la pression interne qui sort de votre organisme.

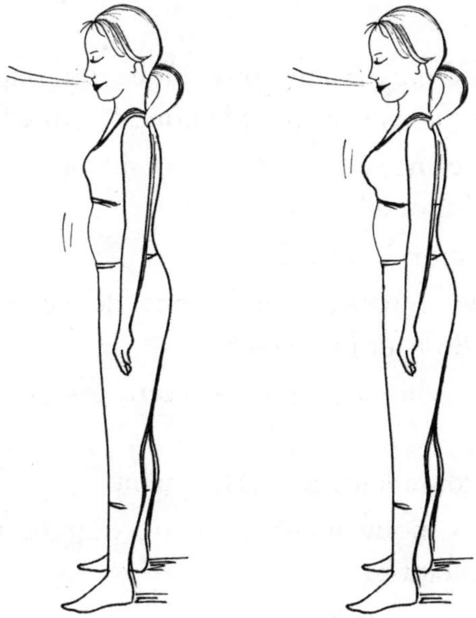

SOPHRO RELAX (EXERCICE DE FOND) :
« Je voyage dans le cosmos »

Objectifs : s'extraire d'une situation afin d'observer les choses sous un autre point de vue. En vous évadant dans l'espace, jusqu'à vous poser sur un coin de lune, vous prenez automatiquement de la hauteur et le monde vous apparaît différent...

Méthode :

Étape 1 : installez-vous confortablement.

- Observez l'espace autour de vous puis fermez les yeux.
- Mettez-vous à présent à l'écoute de votre corps.

© InterEditions – La photocopie non autorisée est un délit

Étape 2 : détendez-vous.

- Portez attention à votre tête, à votre visage.
- Desserrez vos mâchoires, vos dents.
- Prenez conscience à présent que votre visage est détendu et relâché.
- Laissez la détente envahir votre nuque, vos trapèzes, vos épaules, jusqu'à vos mains et le bout de vos doigts.
- Prenez conscience à présent que vos membres supérieurs sont détendus et relâchés.
- Portez attention à votre dos.
- Relâchez les muscles tout le long de votre colonne vertébrale, du haut jusqu'en bas.
- Prenez conscience à présent que votre dos est détendu et relâché.
- Respirez profondément et calmement.
- Percevez les mouvements de votre cage thoracique à chaque respiration.
- Relâchez votre ventre.
- Percevez les mouvements de votre ventre à chaque respiration.
- Prenez conscience à présent que votre buste est détendu et relâché.
- Relâchez les muscles de vos cuisses, vos genoux, vos mollets, vos chevilles, vos pieds jusqu'au bout de vos orteils.
- Prenez conscience à présent que vos membres inférieurs sont détendus et relâchés.
- Maintenant, prenez conscience que tout votre corps est détendu et relâché.

Étape 3 : imaginez...
Votre corps, en le visualisant de façon précise.

- Regardez-le en prenant de la hauteur.
- Puis, imaginez la pièce dans laquelle vous vous trouvez et les objets qui la composent.
- Continuez à prendre de la hauteur et découvrez l'appartement, la maison.
- Puis, imaginez votre immeuble, sa place dans le quartier.
- Observez votre ville, votre région jusqu'à la France toute entière avec ses côtes et ses frontières.
- Visualisez les continents, les océans...
- Tout en prolongeant votre ascension, admirez la planète Terre avec ses nuances de couleurs.
- Portez maintenant votre regard sur l'immensité de l'univers.
- Installez-vous sur un coin de lune et admirez les étoiles, la course des comètes.
- Savourez ce moment de plénitude.
- Imprégnez-vous de cette sérénité.
- Parcourez à présent le chemin à l'envers.
- Laissez-vous redescendre doucement.
- Reprenez contact avec le sol.
- Gardez précieusement le sentiment de calme et de recul de ce voyage.
- Imprégnez-vous de ces sensations positives.

Étape 4 : retrouvez votre environnement.

- Reprenez contact avec les points d'appui de votre corps.
- Prenez conscience des bruits extérieurs.
- Inspirez profondément pour vous dynamiser.

© InterEditions – La photocopie non autorisée est un délit

- Bougez légèrement vos mains, vos pieds.
- Étirez-vous.
- Lorsque vous vous sentirez prêt(e), ouvrez les yeux.

Notre conseil : pour prolonger ce moment de détente, accrochez chez vous ou au travail une image représentant la Terre ou bien le cosmos. Lors de prochains moments d'excitation, cette image vous servira ainsi d'ancrage pour retrouver le calme et la prise de recul.

À RETENIR

S'extraire momentanément d'une situation, ne change pas sa nature profonde mais permet d'agir de façon plus efficace. La prise de recul étant le secret pour atteindre à coup sûr ses objectifs.

Audrey : « Ma détermination m'isole »

Guidée par ses seuls objectifs, Audrey peut aller jusqu'à oublier son entourage. Convaincue que celui-ci la ralentit ou est une entrave à sa réalisation, elle préfère s'isoler et rompre tous les liens. Or, prendre en considération l'autre ne constitue pas forcément une entrave à la réalisation de projets. Les autres peuvent même constituer une aide... Comment accepter cette idée et recréer du lien avec eux ?

SOPHRO EXPRESS (EXERCICE D'URGENCE) : « La Respiration libre »

- **Objectifs :** prendre conscience des échanges nécessaires à la vie. Se repositionner dans un « tout ». Reconsidérer l'autre.
- **Méthode :** assis(e) ou bien allongé(e), respirez librement en vous concentrant sur l'air frais qui pénètre dans vos

narines. De la même manière, sentez l'air chaud qui les traverse au moment de l'expir. Prenez le temps de respirer calmement et d'imaginer le trajet de l'air dans votre corps. Prenez conscience des échanges entre l'intérieur et l'extérieur qui s'opèrent par le simple fait de respirer.

- **Notre conseil :** afin d'accentuer cette sensation, bloquez votre respiration quelques instants après chaque inspiration (poumons pleins) et après chaque expiration (poumons vides).

Sophro Relax (exercice de fond) :
« Je recrée et accepte le lien »

Objectifs : apprendre à accepter de l'aide pour envisager aller plus loin que ce que l'on imaginait. En effet, le fait d'être persuadé(e) qu'il faut y arriver seul(e) vous coupe parfois des autres et vous limite dans vos projets. Or, ces derniers peuvent représenter une aide précieuse dans la réalisation de ces projets...

© InterEditions – La photocopie non autorisée est un délit

Méthode :

Étape 1 : installez-vous confortablement.

- Observez l'espace autour de vous puis fermez les yeux.
- Mettez-vous à présent à l'écoute de votre corps.

Étape 2 : détendez-vous.

- Portez attention à votre tête, à votre visage.
- Desserrez vos mâchoires, vos dents.
- Prenez conscience à présent que votre visage est détendu et relâché.
- Laissez la détente envahir votre nuque, vos trapèzes, vos épaules, jusqu'à vos mains et le bout de vos doigts.
- Prenez conscience à présent que vos membres supérieurs sont détendus et relâchés.
- Portez attention à votre dos.
- Relâchez les muscles tout le long de votre colonne vertébrale, du haut jusqu'en bas.
- Prenez conscience à présent que votre dos est détendu et relâché.
- Respirez profondément et calmement.
- Percevez les mouvements de votre cage thoracique à chaque respiration.
- Relâchez votre ventre.
- Percevez les mouvements de votre ventre à chaque respiration.
- Prenez conscience à présent que votre buste est détendu et relâché.
- Relâchez les muscles de vos cuisses, vos genoux, vos mollets, vos chevilles, vos pieds jusqu'au bout de vos orteils.

- Prenez conscience à présent que vos membres inférieurs sont détendus et relâchés.
- Maintenant, prenez conscience que tout votre corps est détendu et relâché.

Étape 3 : imaginez...

Vous souhaitez gravir une haute montagne...

- Vous êtes bien préparé (e) et équipé(e) comme il se doit.
- Vous pensez pouvoir vous en sortir seul(e).
- Vous commencez votre ascension et tout se passe bien.
- La météo est au beau fixe et vous êtes en pleine forme.
- Vous prenez le temps d'admirer le paysage.
- Soudain, la lumière commence à décliner et la température baisse de quelques degrés.
- Votre visibilité devient moins bonne et vous ressentez une petite baisse d'énergie.
- À ce moment précis, vous apercevez un refuge.
- Vous ne vous y arrêtez pas car vous ne voulez pas prendre de retard.
- Vous continuez votre route mais au bout de quelques heures la nuit commence à tomber et la fatigue à se faire sentir.
- L'obsession de l'objectif a pris le dessus et vous place à présent dans une situation inconfortable et risquée.
- Au moment où vous pensez ne plus y arriver, vous apercevez au loin une lumière porteuse d'espoir.
- Ce refuge et ses hôtes sont une aide indispensable.
- Ils sont la ressource qui vous permettra de mieux repartir.
- Appréciez les échanges et la convivialité de ce refuge.
- Imprégnez-vous de ces sensations positives.

© InterEditions – La photocopie non autorisée est un délit

Étape 4 : retrouvez votre environnement.

- Reprenez contact avec les points d'appui de votre corps.
- Prenez conscience des bruits extérieurs.
- Inspirez profondément pour vous dynamiser.
- Bougez légèrement vos mains, vos pieds.
- Étirez-vous.
- Lorsque vous vous sentirez prêt(e), ouvrez les yeux.

Notre conseil : pour prolonger ce moment de détente, listez sur une feuille tous les éléments ressources qui peuvent vous aider au quotidien : personnes, lieux, objets, souvenirs, etc.

À RETENIR

L'autre ne représente pas une entrave à la réalisation d'un projet il peut même en être l'incontournable allié.

Karine : « J'aime plaire et briller, parfois au détriment du groupe »

Karine aime concentrer les regards sur elle et être le centre d'intérêt. Charismatique et belle oratrice, elle a tendance à prendre trop souvent la parole dans un groupe et à laisser peu de place à ses collègues. Cela les gêne et dans le cadre d'un travail collectif, ils peuvent même aller jusqu'à la mettre à l'écart pour se protéger. Comment l'aider à ne pas en faire trop et ainsi retrouver le plaisir du travail en équipe ?

SOPHRO EXPRESS (EXERCICE D'URGENCE) :
« Mieux percevoir les autres »

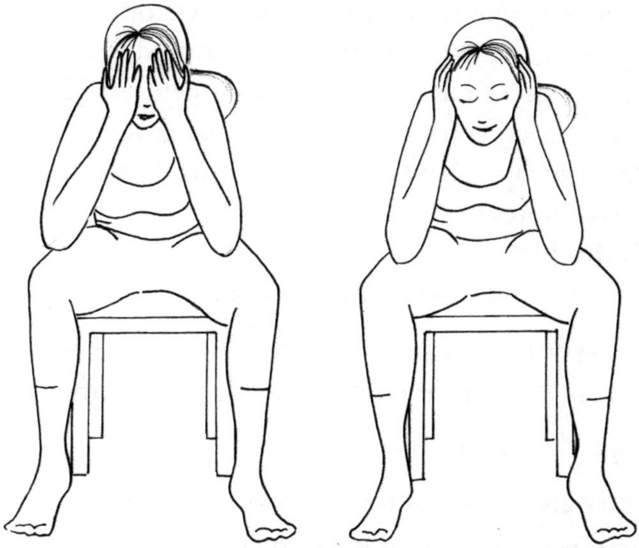

- **Objectifs :** se remettre à l'écoute. Changer son regard. Créer du lien, de l'échange.
- **Méthode :** assis(e), posez les coudes sur vos genoux et bouchez vos oreilles avec les paumes de vos mains. Écoutez les différentes perceptions de sons en fonction de la pression de vos mains sur les oreilles. Gardez les coudes posés sur les jambes et posez maintenant les paumes des mains sur vos yeux. Prenez conscience de vos globes oculaires. Jouez sur la perception des couleurs que vous voyez en fonction de la pression exercée sur les yeux. Prenez conscience de la fonction de vos sens comme « outil » de relation.
- **Notre conseil :** prenez le temps d'observer vos collègues afin de prendre la parole au bon moment. Regardez leurs gestes, leurs intonations, leurs attitudes, etc.

© InterEditions – La photocopie non autorisée est un délit

Sophro Relax (exercice de fond) : « Je me souviens d'un moment collectif agréable »

Objectifs : prendre conscience que la victoire, la réussite, le succès sont souvent le fruit d'un travail d'équipe. Il est important de se remémorer que l'on peut être heureux, satisfait dans un contexte de cohésion de groupe et que les équipes gagnantes sont celles qui laissent la place à chacun de ses membres !

Méthode :

Étape 1 : installez-vous confortablement.

- Observez l'espace autour de vous puis fermez les yeux.
- Mettez-vous à présent à l'écoute de votre corps.

Étape 2 : détendez-vous.

- Portez attention à votre tête, à votre visage.
- Desserrez vos mâchoires, vos dents.
- Prenez conscience à présent que votre visage est détendu et relâché.
- Laissez la détente envahir votre nuque, vos trapèzes, vos épaules, jusqu'à vos mains et le bout de vos doigts.
- Prenez conscience à présent que vos membres supérieurs sont détendus et relâchés.
- Portez attention à votre dos.
- Relâchez les muscles tout le long de votre colonne vertébrale, du haut jusqu'en bas.
- Prenez conscience à présent que votre dos est détendu et relâché.
- Respirez profondément et calmement.
- Percevez les mouvements de votre cage thoracique à chaque respiration.
- Relâchez votre ventre.

- Percevez les mouvements de votre ventre à chaque respiration.
- Prenez conscience à présent que votre buste est détendu et relâché.
- Relâchez les muscles de vos cuisses, vos genoux, vos mollets, vos chevilles, vos pieds jusqu'au bout de vos orteils.
- Prenez conscience à présent que vos membres inférieurs sont détendus et relâchés.
- Maintenant, prenez conscience que tout votre corps est détendu et relâché.

Étape 3 : imaginez...

Vous êtes dans une équipe et vivez un moment de plaisir (match de football, spectacle de danse, pièce de théâtre, présentation à plusieurs lors d'un séminaire, etc.).

- Observez la fluidité des échanges qui ont lieu entre vous et vos partenaires.
- Appréciez le respect de chacun des membres dans son rôle.
- Lisez la satisfaction sur les visages de chacun, les rires et la connivence entre les participants.
- Appréciez le fait de regarder dans la même direction que vos partenaires, d'avoir le même but, les mêmes objectifs.
- Vous partagez les mêmes émotions et êtes galvanisé(e) pour les mêmes raisons.
- Appréciez ces sensations agréables de partage.
- Sentez la joie vous envahir.
- Afin d'ancrer ses sensations en vous, faites un geste (fermer le poing, presser le pouce et l'index) que vous pourrez reproduire à chaque fois que vous en aurez besoin.

© InterEditions – La photocopie non autorisée est un délit

- Imprégnez-vous de ces sensations positives.

Étape 4 : retrouvez votre environnement.

- Reprenez contact avec les points d'appui de votre corps.
- Prenez conscience des bruits extérieurs.
- Inspirez profondément pour vous dynamiser.
- Bougez légèrement vos mains, vos pieds.
- Étirez-vous.
- Lorsque vous vous sentirez prêt(e), ouvrez les yeux.

Notre conseil : pour prolonger ce moment de détente, activez le geste « signal » en reproduisant le mouvement choisi (fermer le poing, presser le pouce et l'index) dans des situations où vous aurez besoin de retrouver ces sensations positives.

> À RETENIR
>
> **Si l'on identifie bien sa place et son rôle dans une équipe, cela peut aider à garder le cap dans ses missions et à s'approprier à bon escient les compliments qui vous sont destinés.**

Antoine : « Mon goût du challenge m'épuise »

L'épuisement physique se fait sentir pour Antoine. En effet, sa course en avant permanente ne lui laisse pas le temps de se reposer. De plus, son goût du défi lui fait accumuler les tâches, y compris celles a priori « irréalisables ». Il a donc besoin de se régénérer et de recharger ses batteries. Comment y arriver ?

Sophro Express (exercice d'urgence) : « Le chauffage corporel »

- **Objectifs :** faire remonter l'énergie. Retrouver une certaine dynamique. Récupérer physiquement.
- **Méthode :** debout, la tête droite, placer une main sur votre ventre et l'autre main sur vos lombaires pour mieux percevoir les mouvements respiratoires. Inspirez en gonflant le ventre et expirez en le rentrant légèrement. Répétez l'exercice trois fois. Prenez conscience de l'énergie qui circule en vous.
- **Notre conseil :** inspirez et expirez de plus en plus vite, telle une locomotive afin de faire remonter l'énergie de façon encore plus dynamique.

© InterEditions – La photocopie non autorisée est un délit

SOPHRO RELAX (EXERCICE DE FOND) :
« J'évacue la fatigue »

Objectifs : récupérer de l'énergie. S'imaginer être dans un lieu, au paysage agréable, en profitant par exemple pleinement de la chaleur et de l'énergie du soleil, permet de récupérer presque instantanément.

Méthode :

Étape 1 : installez-vous confortablement.

- Observez l'espace autour de vous puis fermez les yeux.
- Mettez-vous à présent à l'écoute de votre corps.

Étape 2 : détendez-vous.

- Portez attention à votre tête, à votre visage.
- Desserrez vos mâchoires, vos dents.
- Prenez conscience à présent que votre visage est détendu et relâché.
- Laissez la détente envahir votre nuque, vos trapèzes, vos épaules, jusqu'à vos mains et le bout de vos doigts.
- Prenez conscience à présent que vos membres supérieurs sont détendus et relâchés.
- Portez attention à votre dos.
- Relâchez les muscles tout le long de votre colonne vertébrale, du haut jusqu'en bas.
- Prenez conscience à présent que votre dos est détendu et relâché.
- Respirez profondément et calmement.
- Percevez les mouvements de votre cage thoracique à chaque respiration.
- Relâchez votre ventre.
- Percevez les mouvements de votre ventre à chaque respiration.

- Prenez conscience à présent que votre buste est détendu et relâché.
- Relâchez les muscles de vos cuisses, vos genoux, vos mollets, vos chevilles, vos pieds jusqu'au bout de vos orteils.
- Prenez conscience à présent que vos membres inférieurs sont détendus et relâchés.
- Maintenant, prenez conscience que tout votre corps est détendu et relâché.

Étape 3 : imaginez...
Éliminer les tensions résiduelles et la fatigue.

- Inspirez en gonflant votre ventre et retenez votre respiration en effectuant une contraction légère de tous vos muscles, de votre visage jusqu'à vos pieds.
- Soufflez pour chasser ainsi toute votre fatigue.
- Relâchez et reprenez une respiration naturelle.
- Prenez conscience de l'énergie retrouvée dans votre corps.

Pour approfondir cette sensation, imaginez un lieu ou un paysage qui vous est cher.

- Il fait beau et les rayons du soleil effleurent votre peau.
- Ils vous réchauffent progressivement et vous nourrissent de leur énergie.
- Accueillez les sensations positives que cela vous procure.
- Prenez conscience de ces sensations dans votre corps.
- Pour inscrire durablement cette énergie en vous, inspirez en gonflant votre ventre, retenez votre respiration et gravez cette énergie positive dans votre tête.
- Terminez en soufflant doucement afin de la diffuser en vous.

© InterEditions – La photocopie non autorisée est un délit

- Imprégnez-vous de ces sensations positives.

Étape 4 : retrouvez votre environnement.

- Reprenez contact avec les points d'appui de votre corps.
- Prenez conscience des bruits extérieurs.
- Inspirez profondément pour vous dynamiser.
- Bougez légèrement vos mains, vos pieds.
- Étirez-vous.
- Lorsque vous vous sentirez prêt(e), ouvrez les yeux.

Notre conseil : pour prolonger ce moment de détente, dessinez votre silhouette sur une feuille de papier et coloriez-la avec des couleurs qui symbolisent pour vous l'énergie.

À RETENIR

L'énergie peut-être partout. À travers une odeur, un bruit agréable, une vision plaisante... Apprenez à les identifier et arrêtez-vous quelques instants pour apprécier l'énergie positive que ces sensations vous procurent.

Conclusion

Trouver un équilibre intérieur

Stress, colère, incapacité à dire non, difficultés à s'organiser, etc. Nombreuses sont les situations qui nous placent parfois en difficulté face aux autres et face à nous-même. Quels que soient notre âge, notre sexe, notre état d'esprit du moment, il n'est pas toujours évident, dans certains cas, de lâcher prise et de mieux contrôler les émotions qui nous envahissent. Comme évoqué en introduction de ce livre, la sophrologie offre à tous ceux qui la pratiquent une philosophie de vie. Elle se pratique dès le plus jeune âge et tout au long de l'existence. En fonction des événements qui jalonnent cette dernière, des parcours de chacun, des rencontres que nous faisons... Une multitude de situations peuvent se présenter à nous. Elles sont autant d'occasions, toutes uniques, d'apprendre à reconnaître nos points forts et nos mécanismes de sabotage. La sophrologie n'a pas pour autant comme but de changer les individus. Sa vocation est plutôt de les aider à évoluer par rapport à ce qu'ils sont et à ce qu'ils souhaitent devenir. En somme, elle permet d'atteindre, de manière simple, un certain équilibre intérieur... Qui se voit de l'extérieur !

Liste des exercices

© InterEditions – La photocopie non autorisée est un délit

TABLE DES MATIÈRES

© InterEditions – La photocopie non autorisée est un délit

901202 - (III) - (1) - OSB 90° - PCA - GCO

Imprimerie Nouvelle - JOUVE
45800 Saint-Jean de Braye
N° d'Imprimeur : 2041580W
Dépôt légal : février 2012
Suite de tirage : janvier 2013

Imprimé en France